U0921889

无力的维权

日俄战争期间清政府维护东北国民权益研究

许健柏 —— 著

中国文史出版社

图书在版编目（CIP）数据

无力的维权：日俄战争期间清政府维护东北国民权益研究 / 许健柏著. -- 北京：中国文史出版社,

2021.12

ISBN 978-7-5205-3433-8

Ⅰ. ①无… Ⅱ. ①许… Ⅲ. ①日俄战争—研究②历史事件—研究—中国—清后期 Ⅳ. ①K313.43②K256.9

中国版本图书馆CIP数据核字(2021)第249929号

责任编辑：卜伟欣

出版发行：中国文史出版社
社　　址：北京市海淀区西八里庄69号院　　邮编：100142
电　　话：010—81136606　81136602　81136603（发行部）
传　　真：010—81136655
印　　装：廊坊市海涛印刷有限公司
经　　销：全国新华书店
开　　本：880mm × 1230mm　1/32
印　　张：6.875
字　　数：146千
版　　次：2022年3月北京第1版
印　　次：2022年3月第1次印刷
定　　价：42.00元

序

李育民[1]

117年前的1904年，日俄两国展开了一场争夺在华权益的厮杀，史称日俄战争。这场发生在我国疆域东北的战争，使屡遭列强侵害的中国蒙受了新的灾难，处于尴尬的中立地位的清政府，在维护自身权益的挣扎中又遇到了新的课题。战争爆发之后，其原因过程和影响后果等，引起了社会各界的关注，学术界亦从各个层面作了广泛深入的探讨，但对中国政府在战争时期的维权交涉却缺乏应有的重视。该书以“无力的维权”为题，从维护国民权益这一新的视角考察日俄战争对中国的影响，无疑可弥补这一缺失，有助于深化这一领域的研究。

围绕日俄战争期间的维权这一主题，该书从宏观和微观的结合上，对清政府维护东北国民权益所作努力及其结局作了颇有新意的探讨。宏观上，该书对事情的来龙去脉作了全方位的透视，并注重将史实与所涉国际法理论融合起来。诸如日俄战争的爆发与问题的由来，中立政策下清政府保护国民的考量；俄日两军违反战争法规的暴行，以及两军战争暴行的比较；清政府维护国民权益的交涉，以及救济战地国民的举措；清政府向俄日两国索赔，以及新形式侵权下的应对。作者还对清政府

1　湖南师范大学历史文化学院教授、博导，享受国务院特殊津贴专家，全国优秀教师，国家万人计划教学名师。

维护东北国民权益作了国际法的理论剖析，并揭示了遥遥无期的维权结局。微观上，作者又对某些典型的具体案例作了研究，剖析日俄的侵权行为以及清政府的应对，诸如以往未被研究者重视而有所忽略的“日商豆饼桐木案”和“日军营口禁阻商货案”等。通过个案探析，梳理案件的缘起经过、外交争执和妥协处理的全过程，陈述清政府维权的艰难与曲折，对“弱国无外交”作了具体而又充分的诠释。

作者挖掘了大量未曾利用的新史料，包括已刊未刊档案和期刊报纸等，诸如《国家图书馆藏清代孤本外交档案》《清代军机处电报档汇编》《东北边疆档案资料选辑》，以及《东方杂志》《申报》《俄事警闻》《警钟日报》等。借助翔实的文献史料，作者整理了战争时期的日俄暴行和战地蒙损，以及清政府筹谋策划、救济国民、保护港口、交涉维权的相关史实和数据，较为完整地论述了这一事件的全过程。这一研究，注重国际法理论的运用，不仅更进一步揭示了日俄的侵华本质，以及这场战争对中国的损害，深化了这一领域的研究；且有助于更全面认识清政府的对外态度及其局限，其交涉过程及结局，对当今亦可提供历史的借鉴。

作者治学颇为认真，且勤于思考，攻读硕士学位期间即对此做了相当探讨，其后又在此基础上进一步修改充实。毋庸讳言，该著虽在史料挖掘和问题论析等方面取得显著进展，但还存在种种不足之处。日俄战争期间清政府维护东北国民权益较为复杂，涉及政治、经济、外交等各个层面，该书在资料和论述方面还可扩展，对国际法理论的把握亦有待提升，诸如此类的不足，后续研究中可在现有基础上作进一步努力。

2021 年 11 月 22 日

目　录

绪 言

（一）

在任何时候，一国政府都有维护本国民众权益的责任和义务。一般而言，本国政府维护本国国民权益似不应成为问题。但是，在近代西方列强入侵的大背景下，晚清政府统治下的中国国民权益屡遭侵犯，这使得清政府如何维护本国国民权益倒成了一个大问题。

1904 年日俄战争爆发后，沦为战地的东北国民饱受兵燹之苦，不仅房屋、粮食等资产被日俄军队随意征用，而且个人生命也受到严重威胁，各种勒、逼、抢等事件集中爆发。鉴于此，如何保护东北战境中的中国国民就成为清政府急需考虑的问题。在战争期间，为切实保护东北国民权益，清政府采取了很多措施，对日俄损害华民权益的行为进行过多次艰苦的交涉。战争之后，日俄两国对清政府和东北国民权益的侵犯变本加厉、花样翻新，甚至在其势力范围内，私设非法的行政机构，挑战清政府的主权和国家行政权，为此，清政府积极引用国际公法，与日俄展开针锋相对的外交斗争，敢于对两国进行外交维权和索赔交涉，努力搜集两国侵害东北国民的罪证，积极组织对东北国民受害情况的调查，大力救济受战事殃及的国民，在能力范围内帮助受害国民向两国肇事者追索赔偿。在甲午战争失败的阴霾还没有散尽，巨额战败赔款负压在身，国家综合国力、军事实力、民众精神和信心、国际政治地位和影响等均处于最低谷的时候，清政府还能勉为其难发起对日俄两国的维权交涉行动，尽最大可能维护国民权益，实属难能可贵。

这段历史尽管鲜为人知，但却不容抹杀。本人在这一学术课题上力耕数年，希望能通过自己的微薄之力还原这段历史，从而使广大民众能对这个时期的清政府的作为作出一个客观的历史评价。

百多年来，学术界对日俄战争的研究方兴未艾，著述颇丰，但本人注意到，在上述清政府与日俄进行外交斗争，维护国民权益的问题的研究上尚显不足。为此，本书侧重对这一领域进行探讨，希望能在一定程度上丰富该领域的研究。

具体而言，本书的着力方向为以下几个领域：

其一，从国际法角度，对清政府“局外中立”政策下的外交维权作用的分析与评价。

过往学术界对日俄战争期间清政府奉行“局外中立”政策的研究，大多持严厉批判态度，认为该政策是近代晚清政府软弱无能的又一明证。20 世纪 80 年代后，学术界开始更为全面地看待清政府的“局外中立”政策，指出清政府在执行“局外中立”政策的过程中，并非机械的中立，作壁上观，不闻不问，而是针对实际情况有所偏取和调整的，对于日俄两国做出的各种破坏清政府“局外中立”的举动，清政府没有一成不变地恪守陈规，而是审时度势，灵活应对，在外交交涉中充分运用了国际法作为斗争工具，这对一向给人以颟顸刻板印象的清政府来说，无疑是一股清流。

其二，清政府主动运用国际法，问责和追偿在日俄战争期间和之后两国对东北国民权益的侵害，这在清王朝乃至中国历史上都是第一次，因此格外具有研究价值。

从更广阔的视野来看，日俄战争期间及战后清政府维护东北国民权益问题，牵涉面很广。从时间上看，不仅发生在日俄战争期间，而且延续至战后，甚至呈现出迁延不绝之势；从牵涉广度上言，该时期的维护国民权益问题既牵涉到中、日、俄三国，也关涉到国际公法权威。如何将这些错综复杂的关系网络厘清，并且合理地梳理它们之间的关系，这是学术界现有研究还很不足的地方。本书就拟从这一角度出发，以日俄两国对战境华民权益的侵夺为切入点，以清政府的维权努力为主线，结合日俄两国侵权的具体案件和引发的中外交涉事件，运用国际法专业理论对该时期清政府对国民群体权益的保护进行整体考察，有利于对当时的清政府的国家治理能力作出更客观的评价。

其三，百多年前清政府为维护国民权益而与日俄两国进行的外交斗争和运用国际法处理涉外纷争的智慧，对我们今天涉外国民权益的保护工作也有很大借鉴意义。

（二）

笔者沿着上述思路，对日俄战争的学术史进行梳理，发现国内很早就开启了日俄战争的研究，战后不久便有零星的资料介绍，但远未系统。20 世纪 20 年代后，学术界的研究才开始系统化。20 世纪 80 年代以来，国内关于日俄战争的研究已经取得丰硕成果，出版的学术专著达到十几部，至于通俗类的著作则更多了。但是，关于清政府在日俄战争期间及战后的维权努力，目前学界的研究还比较零散，更缺少全面的分析，大多是简单的描述或寥寥数语概述，缺乏深入和全面的思考，相关学术专著几乎没有。例如，现有的日俄战争研究著作多数着重于战争期间日俄两国对中国国家利权的损害，比较有代表性的是穆景元的《日俄战争史》，其第七章以“日俄战争给东北人民造成深重灾难”为题，描述日俄两军的种种暴行，如抓伕逼做苦工、毁坏良田，以及屠杀中国居民等。该章侧重对日俄两军暴行的控诉，而对战争期间权益受到严重侵犯和损害的国民群体未作深入的考察，清政府为战地国民所做的维权努力也没有涉及。具体而言，有关日俄战争的十几部著作中涉及中国人权益损害的仅有 3 部，除穆景元的著作外，分别是刘志超、关捷编著的《争夺与国难——甲辰日俄战争》,还有就是中国人民解放军37001部队、辽宁大学哲学研究所编著的《日俄战争简史》。后两部都是偏重于对战争给中国造成的巨大损失作简单地罗列，没有对受损的国民群体的情况作出具体分析。

从现有学术论文来看，应当说学术界对日俄战争对中国权益的损害的关注还是比较早的，比如 20 世纪 80 年代以来，较早关注日俄军队造成我国东三省国民权益损失的学术论文有张志强的《日俄奉天会战对沈阳之劫掠述实》（载《辽宁师院学报》，1983 年第 5 期），该文利用辽宁地方档案及相关报刊的记载对沈阳的损失进行了宏观性的概述，着重论述了日俄战争造成沈阳商业和浑河水运事业破产，以及带来的损失调查等。此后，学术界继续关注这方面的问题，也有一些成果，但远未深入系统。直至近些年，学界才开始真正关注该课题，比较有代表性的论文有崔再尚的《日俄战争给瓦房店造成的深重灾难》(载《大连近代史研究》，第 5 卷)

和王金梅的《日俄战争给东北人民带来的灾难》（载《兰台世界》，2004年第11期）。崔文列举了较多当地的史料，并结合当地的档案记录，对日俄战争给瓦房店等地方造成的深重灾难的原因、影响和特点等进行了总结。王文则详细考察了日俄侵夺中国利权的过程，尤其侧重战后日本对南满的侵略和对中国东北利权的侵夺。

从宏观上来看，学术界对日本在日俄战后大肆掠夺东北利权的研究也不少，如关于战后我国东北利权的损失问题，较有影响力的著作应属《满铁史资料》和满史会编的《满洲开发四十年史》。其中，马永山的《日俄战争后东北地方官反对日本掠夺路矿利权的抗争》（载《史学集刊》，1998年第4期），论述东北部分官员对日本掠夺我国各种矿藏的图谋和行为进行的抗争。另外，也侧重研究了日本掠夺我国东省矿藏等利权的方式。金凤的硕士论文《日俄战争期间中日关于东北矿产资源的交涉研究》（辽宁大学硕士论文，2011年），比较系统地论述了战争期间和战后中日两国就东北的煤、铁等诸多矿藏进行多次交涉的背景、过程等，同时，该文侧重讲述了战后日本利用中日间召开的善后会议，强占中国东北诸多矿产并使之“合法化”的过程。傅波的《中日抚顺煤矿案交涉始末》和尉建常的《日俄战争与抚顺煤矿》（载《东北地方史研究》，1989年第1期）都详细论述抚顺煤矿自成功运营后因日俄等多方争夺，导致国家矿藏利权几经易手的过程。另外，一些代表性的论文还有王珍仁的《论满铁对华的经济掠夺》（载《东北史地》2007年第4期）、迟延玲的《满铁附属地对中国东北的影响》（吉林大学2008年硕士论文）、房忠婧的《满铁与东北殖民地化研究》（大连理工大学 2006 年硕士论文），等等。总体上，关于日俄战争对中国权益损害研究的成果是有一些，但均侧重日俄两国对中国国家利权，如煤、铁、矿藏等关涉国家命脉的资源的争夺，而对战争受损最重的中国东北国民群体的研究，却少之又少，目前笔者发现有 3 篇集中关注日俄两军侵损中国东北民众权益的论文，分别是：闫东的《日俄战争中日俄军队在中国东北的暴行研究》（东北师范大学硕士论文，2007 年）、吴德卫的《日俄战争后清政府对东三省损失的调查与索赔研究》（吉林大学硕士论文，2011 年）、李刚的《日俄战争给中国带来的损失问题研究》（河北大学 2008 年硕士论文）。他们的研究视角集中于战争给中国东北民众造成的损失，研究内容有清政府维权的内容，但是并不足够。

实际上，日俄战争中受损最重的是中国东北的民众。在战争环境中，缺少强力保护的东北民众的资财几乎成了日俄两军予取予求的公共钱库。面对这样的情形，清政府态度如何？又为维护民众权益作出了何种努力？当这种努力遭遇阻力时清政府又是如何调整和反应的？日俄战争后，两国调整了侵略政策，对中国东北国民权益的侵害表现出新的形式与特点。对此，清政府又作出何种应对？这种应对出于弱势一方，到底取得了何种效果？所有这些问题都是目前学术研究还没有完全顾及的地方，也恰恰是本书要着重回答的。

（三）

笔者开展本专题的研究，不是为了帮助清政府洗刷在日俄战争期间给国人留下的无能、屈辱的印象，而是致力于还原历史真实的样貌，希望从多个角度更为全面和客观地将清政府在日俄战争期间的维权努力呈现在公众的面前，从而改变公众固有的对清政府的刻板的脸谱化的认识。

为达到上述研究目的，本书以历史唯物主义为指导，采用历史研究中的实证研究法，着重史料的搜集与整理，并特别注意对相关史料进行分析与辨别。同时，本人还结合数据分析的方法、历史与逻辑相结合的方法以及宏观与微观相结合的方法，力图展现清政府维护东北国民权益的历史过程、历史事件，对相关政治、经济、社会问题进行深入探讨，对清政府维护东北国民权益的动机、方案、措施、效果等进行全面分析。

宏观层面上，本书从日俄战争爆发前清政府的维权思想的酝酿、出台的方案、采取的措施，到战争爆发后清政府实施的“局外中立”政策、兵力部署和调动情况、地方官员配合、灾民的赈济、难民的救助，再到战争结束后清政府与日俄两国的索赔交涉、维护东北边民权益、维权交涉等诸多方面，都有所涉猎，力求全面系统地将清政府的维权努力呈现在读者面前。

微观层面上，笔者从一些前人忽略或未予重视的案件着手，进行深入研究，比如，在清政府与日本的商品贸易保护交涉中，对过去很少有人关注的“日商运豆饼桐木案”和“日官在营口禁阻商货案”进行了重点关注和研究；笔者还对日俄两军在战争期间及战后侵害中国东北国民权益的性质、方式及程度进行了比对研究，分析其差异产生的原因；日俄战后，两国对清政府和华民的侵权出现了新的变化，本人选取一些典型案例，对这些新的侵权行为、清政府作出的针锋相对的应对进行了分析，从而使日俄战争期间清政府维权交涉这个课题的研究更加完整，更加有说服力。

笔者从一开始就立足于新的研究视角，特别选择对某些过去学者较少涉及，或研究存在明显不足的课题和领域进行突破，比如，笔者选取从国际法的角度来探讨清政府对日俄两国的维权交涉问题，引入国际法专业理论，结合具体维权交涉案件进行评析。典型如清政府向日俄索赔问题，其根据国际法提出索赔的法理基础、动机及准备这方面，以前很少有学者关注到，而笔者作了详细的论证。而关于对日俄索赔交涉的过程，笔者使用了别人未使用过的部分史料，重新审视整个交涉过程，得出了一些新的重要的结论。对日俄军队的战争暴行问题，笔者以国际法战争法规为切入点，详细考证两国所犯战争暴行都违背了哪些国际法，确认日俄均犯下战争罪，清政府为此提出的索赔要求合理更合法。

为了使研究结论更有说服力，在本书的资料准备上，笔者做了大量艰苦的工作，对浩如烟海的原始史料进行批检，如《清代军机处电报档汇编》和《东北边疆档案资料选辑》等。此外，笔者还仔细查阅了《东方杂志》《申报》《俄事警闻》《警钟日报》等相关报刊资料，力求把握好研究细节，从最大程度上保证研究结论的独到性、客观性和准确性。

本书是本人在硕士学位论文的基础上，进行系统深入研究和思考的结果。由于本人学识、见解、理论素养等方面的局限，肯定还存在诸多不足之处，敬请专家批评指正。

第一章

清政府维护东北国民权益问题的由来

1904年2月9日，日俄两国为侵夺中国东北和朝鲜，在我国东北爆发了战争，史称“日俄战争”。战争对交战国双方，对远东局势的变化影响巨大，国内史家评论其“是国际帝国主义形成的重要标志之一”，[1]从此“开始日本独霸东亚之时代”，[2]“对远东局势以及世界历史进程，都产生了重大而深远的影响”。[3]对中国来说，日俄战争绝不是一场简单的局部战争，它在中国境内爆发、以中国东北为战区，战争进程以及最终解决都与中国休戚相关。面对如此危局，清政府屈辱地宣布“局外中立”，[4]希图以此避免更多国家权益的损失。国家如此，国民权益的保障就更是成为问题，受战事殃及的东北国民，不仅房屋、粮食、土地等资产被日俄军队随意征用，而且个人生命也遭受到严重威胁，各种勒索、逼迫、抢掠等事件不胜枚举。在国家实力严重不足的情况下，如何对受难国民提供保护和追索赔偿，就成为清政府亟须解决的问题。

1　米庆余：《日本近代外交史》，南开大学出版社，1988年，第13页。

2　吴敬恒、蔡元培、王云五主编：《日俄战争》，商务印书馆，1928年，第115页。

3　穆景元：《日俄战争史》，辽宁大学出版社，1993年，第1页。

4　《上谕》（光绪二十九年十二月二十七日），中国第一历史档案馆编：《光绪宣统两朝上谕档》，第29册，广西师范大学出版社，1996年，第381页。

第一节 日俄战争的爆发与问题缘起

1894年中日甲午战争爆发，清政府战败，被逼签订《马关条约》，除要支付日本巨额战争赔款外，还不得不割让辽东半岛、台湾岛及其附属各岛屿、澎湖列岛给日本。日本在华势力范围大幅增加，势焰空前膨胀，以至对其他帝国主义列强在中国的利益形成严重冲击。其中，辽东半岛处于沙俄远东利益的核心地位，俄国认为，日本“完全占领旅顺口所在地的半岛，此种占领会经常威胁北京，甚至威胁要宣布独立的朝鲜”，这对于俄国“是最不惬意的事实”。[1] 1905年俄国外交大臣罗拔诺夫对英国透露说：“俄国对于日本占领辽东半岛(连同旅顺口)，法国对于日本占领澎湖列岛，均非常不满，如日本不愿自动放弃，则可能进行强迫措施。”[2] 德国也认为，“日本一经占领澎湖列岛及旅顺口，日本对中国及对欧洲国家在中华帝国的利益均会占据优越的地位”。[3]

1895年4月，沙俄联合德国和法国对日本“友谊劝告”，

1 《一八九五年三月二十五日（四月六日）外交大臣上沙皇奏》，中国史学会主编：《中国近代史资料丛刊——中日战争（七）》，新知识出版社，1956年，第308页。

2 《一八九五年四月二日(十四日)外交大臣上沙皇奏》，中国史学会主编：《中国近代史资料丛刊——中日战争（七）》，新知识出版社，1956年，第311页。

3 《一八九五年三月三十日(四月十一日)特别会议记录》，中国史学会主编：《中国近代史资料丛刊——中日战争(七)》，新知识出版社，1956年，第313页。

以武力威胁日本把辽东半岛归还中国。面对三国联合威胁，日本自知无法直接抗衡，被迫接受三国提议，把辽东半岛有偿归还中国。在交涉过程中，日本极不情愿，觉得“备受胁迫，大失国家之体面”，遂有“深怒积怨于俄也”。[1]国内部分学者也认为，三国干涉还辽为后来日俄战争的爆发埋下了导火索。[2]不甘心挫败的日本，痛呼“这是一个伟大的教训”，[3]提出“卧薪尝胆”的口号，极力扩军备战，为日后雪耻做准备。

俄、德、法三国在“归辽”事件中各得其所，尤其沙俄获益最优，他们不仅使日本在远东的侵略势头得到压制，而且迅速扩大了在远东的特殊利权，其具体如下：1896 年，沙俄诱逼中国签订《中俄密约》，取得中东铁路的修筑权，势力深入东北。1897 年，沙俄以协助中国对抗德国为借口，派遣舰队占领旅顺，并在次年逼迫中国签订《中俄旅大租地条约》及《续订旅大租地条约》，强行租借了旅顺和大连湾，辟为俄海军基地，并通过中东铁路与南满支线把这两个远离俄国本土的军港同俄国联结起来，使东北三省成为沙俄的势力范围。1900 年 9 月，沙俄以镇压东北义和团运动为借口，出兵占领东北三省，后拒绝撤出，妄图永久占据。

1　吴敬恒、蔡元培、王云五主编：《日俄战争》，商务印书馆，1928 年，第 12 页。

2　赞成此观点的部分学者有：穆景元的《日俄战争史》，辽宁大学出版社，1993 年，第 38 页；郭洪茂、郑毅的《试析三国干涉还辽事件对远东国际关系的影响》，载《外国问题研究》，1990 年，第 1 期；刘真武的《三国干涉还辽与日俄战争的爆发》，载《世界历史》，1983 年，第 5 期；张富强的《“三国干涉还辽”与日本军国主义的外交转折》，载《社会科学战线》，1997 年，第 2 期。

3　［日］东亚同文会编，胡锡年译：《对华回忆录》，商务印书馆，1956 年，第 206 页。

沙俄的行为严重侵害到西方各国在华利益，尤其引起了日本的极大忧惧。日本认为“俄得志于东三省，我日本亦大有不利”。[1]1900年12月18日，日本驻华公使小村寿太郎要挟时任总理各国事务衙门（1901年根据《辛丑条约》改称外务部。——编者注）大臣的庆亲王奕劻说：“东三省若显为俄有，英必占长江一带，德必占山东全省，我日本虽不敢有利中国土地之心，然时局若此，亦不得不起而争利益。”[2]在日本及各国的压力下，1901年3月26日，清政府拒绝承认盛京将军增祺与俄签订的《奉天交地暂且章程》，并将增祺革职，标志俄推行“远东政策”的暂时挫败。[3]即使如此，沙俄仍继续全力以赴展开对远东霸权的争夺，力图“成为该地区关系中的超地区角色”。[4]不可避免的，沙俄的目标与新兴的资本主义强国日本提出的“跃进海外，雄飞大陆”，[5]“在亚洲东部海岸外设立一道屏障，并且从政治上和经济上控制屏障以内领土”[6]的“大陆政策”相冲突。

1 《全权大臣李鸿章与日使小村商议俄国驻兵东三省问答》（光绪二十六年十一月二十七日），王彦威纂辑、王亮编：《清季外交史料》，卷145，书目文献出版社，1987年，第9页。

2 《全权大臣奕劻与日使小村论限制俄国驻兵东三省问答》（光绪二十六年十一月二十六日），王彦威纂辑、王亮编：《清季外交史料》，卷145，书目文献出版社，1987年，第7页。

3 关于清政府拒签对俄屈辱条约，参见王芸生编著的《六十年来中国与日本》，第四卷，三联书店，1980年，第60-120页。

4 黄定天：《东北亚国际关系史》，黑龙江教育出版社，1999年，第189页。

5 ［日］东亚同文会编，胡锡年译：《对华回忆录》，商务印书馆，1956年，第3页

6 罗特：《为亚洲而斗争》，第2卷，第21页，引自：［英］菲利浦·约瑟夫著，胡滨译：《列强对华外交（1894—1900）——对华政治经济关系的研究》，商务印书馆，1959年，第40页。

日俄战争的爆发是沙俄“远东政策”和日本“大陆政策”相互抵牾的结果。沙俄自近代一直执行其具有强烈侵略性质的“远东政策”，“对远东各国，特别是对中国和朝鲜进行侵略扩张，在远东争当帝国主义霸主”[1]是其战略目标。而日本，自明治维新后便逐步确立“向中国和朝鲜等大陆国家进行武力扩张，梦想称霸亚洲，征服全世界”。[2]当两国以侵略为核心的外交政策遭遇时，必然发生矛盾，当矛盾不断升级达到不可调和时便是战争。

1904年2月9日，日俄战争在中国东北土地上爆发，内外交困的清政府无力阻止，只好屈辱地宣布“局外中立”。按照国际公法，清政府既已宣布中立，交战国自应遵守国际法规定，尽力予以保全清方利益。然而，交战国并未遵循国际法中有关保护中立国权益的相关规定，受战事殃及的我国国民饱受日俄军队蹂躏，蒙受了巨大的生命和财产损失。俄远东总督（1903年8月，沙俄设立非法殖民行政机构——远东总督府于旅顺，统辖后贝加尔、阿穆尔、滨海、堪察加、关东5个州和大连市、库页岛，以及中东铁路沿线的俄国附属地。1904年10月撤回俄国本土。——编者注）叶夫根尼·伊万诺维奇·阿列克塞耶夫在战争开始后不久，公然在东三省张贴布告，威吓强迫中国官员和百姓在战时要维护沙俄利益，还悍然命令盛京将军增祺（曾因与俄擅签《奉天交地暂且章程》被革职，不久即被起复。——编者注）保护东省铁路，

1　丛佩远：《评日俄战争前沙俄的远东政策（上）》，《世界历史》，1981年，第5期，第41页。

2　刘焕明：《日俄之战与“大陆政策”——日俄战争历史地位的再认识》，《江海学刊》，2008年，第4期。

并刊刻告示强制东省铁路沿线居民护路，称："勒令华民承办军务差使，如不从命，即派兵剿杀"。[1]在这一命令下，俄军在战境内大肆胁迫东北民众承办军务，如修筑工事和运输军需等。与之同时，俄军还在东北战场随意掠抢华民物资、强占华民房屋，甚至以各种借口枪杀华民。为此，清政府外务部致电俄驻盛京代表武廓米萨尔，要求"约束兵员"，[2]保护我国民权益，但是俄军并未理会。其后，随着日俄军队渐入东三省内地，日军大肆侵犯东北国民权益的行为也日益突出。面对无辜受难国民发出的惨痛呼号，清政府不可能无动于衷，但囿于实力所限，如何妥为保护这些国民的权益，就成为困扰清政府的一大难题。这一难题从日俄战争期间一直延续至战后，终成这一时期中国与日俄外交交涉的主题。

1 《战事杂记》，《东方杂志》，1904 年 4 月 11 日，第 1 期，第 76 页。

2 《增祺、廷杰致俄武廓米萨尔照会》（光绪三十年正月二十四日），辽宁省档案馆编：《日俄战争档案史料》，辽宁古籍出版社，1995 年，第 291 页。

第二节　日俄在中国东三省交战的合法性问题

1904 年 2 月 9 日，日俄两国为争夺远东的主导权，在我国东北爆发战争。除去国际政治因素，从国际法的角度审视这场战争，一个最大的疑问就是，两个国家在第三国交战，这正常吗？这合法吗？

根据国际公法规定，两国交战，交战国双方的领土、领水以及公海都处于战区之内，中立国的领土则不在战区之内。[1]按此而言，日俄战争的战区应只是包括日俄两国的领土、领海和公海区域，已宣布“局外中立”[2]的中国并不能涵括在内。可事实却是，两国交战的主战场是在中国东北地区，以及中国的黄海和朝鲜领水海域，这便出现了国际法上的争议。对于对这场战争的合法性问题，近代西方国际法学家奥本海有过一番评述，他说：“一个中立国的领土的一部分或全部处于战区之内的情形是可能的，如俄日战争中的朝鲜（当时是一个独立国家）和中国的满洲省。”[3]也就是说，奥本

1　［英］劳特派特修订，王铁崖、陈体强译：《奥本海国际法》下卷，第一分册，北京，商务印书馆，1989 年，第 174 页。

2　中国第一历史档案馆编：《光绪宣统两朝上谕档》，第 29 册，广西师范大学出版社，1996 年，第 381 页。

3　［英］劳特派特修订，王铁崖、陈体强译：《奥本海国际法》下卷，第一分册，北京，商务印书馆，1989 年，第 175 页。

海认为当时日俄两国在中国划为战区的东北境内开战是合法的。他对此的解释是："这种离奇局面之所以产生，是由于中国和朝鲜都不能自己摆脱俄国的占领和势力，而日本认为它的行为，根据它的切身利益是正当的，列强也承认了这种局面，劝使中国不要参战，并劝使交战国双方不要将军事行动扩大到满洲边界以外。满洲和朝鲜既成为战场之一部分，交战国在那里的彼此间的敌对行为就不能算是破坏中立。"[1]因为可能在他看来，清政府是囿于自己实力不济而主动宣布"中立"，而且划定东三省供日俄交战所用，这种"中立"又经过交战国及其他列强的承认，则日俄两国只要在属战场范围的东三省内交战，而不波及其他中立地区，便不算违反国际法。

奥本海的观点及解释看似合理，但在笔者看来，以此说明"日俄两国在我国的东三省交战合法"，尚不足以服众。奥本海的解释更多的是从事物表象来考虑的，未免流于肤浅，而如果透过现象看本质，从这场战争的性质来分析的话，则其合理性大打折扣。国际法学普遍承认，战争有正义与非正义之分，判定战争性质是否正义的标准有"开战正义"与"交战正义"两大标准。[2]其中，"开战正义"是判别战争性质关键的一条，其内容主要包括正当理由、正当目的和合法权威等。从开战的理由来看，如日本明治天皇宣召所说："帝国之置重于韩国之保全，实非一日之故，是不仅因两国累世之关系，韩国之存亡，实为帝国安危之所系""若满洲归俄

1　[英]劳特派特修订，王铁崖，陈体强译：《奥本海国际法》下卷，第二分册，北京，商务印书馆，1989年，第174页。

2　Michael Walzer :Just and Unjust War[M].New York:Basic Book,1977.

国领有，则韩国之保全无由维持，远东之和平亦不可望”“今日只有求于旗鼓之间……期望恢复和平于永久”。[1]换言之，日本认为，自沙俄1900年侵占中国东北后，已经严重威胁到韩（帝）国的安全，如果沙俄最终成功占领了东北，那韩（帝）国最终也会失去，而远东也将永无和平。于是，日本“遂令政府为自卫计，不得已而考虑其应采之手段”。[2]俄国沙皇尼古拉二世也宣称：“朕以维持和平之目的，曾尽全力，巩固东洋之静谧”“然在该问题尚未议妥之时，日本不待接到我政府回答之提议，即知照俄国断绝商议及外交关系”“令其水雷艇突然袭击停泊旅顺口堡垒外之俄国舰队”“朕接总督报告后，即命其以干戈应日本之挑战”，[3]即俄国军队所为也是出于国家自保的权利。

单纯从两国的开战声明来看，是难以判别战争的性质的。但从开战目的分析，两国交战与正义无关，都是为强夺他国利权以满足本国的侵略需求，如日本商务大臣浦农所说，日俄“这次事变，不仅由于政治上的必要而开战，主要目的也在于向中朝两国大大发展我国工商业”“世上往往认为日俄的时局是两个帝国主义的冲突，这就是日俄通商政策在中国和朝鲜冲突的意思”。日本历史学家井上清分析该言语后，一针见血地指出，实质是“他自己就承认这就是帝国主义战争”。[4]俄国学者也坦承：“日俄战争双方都是非正义的帝

1 王芸生：《六十年来中国与日本》，第四卷，三联书店，1980年，第173页。

2 王芸生：《六十年来中国与日本》，第四卷，三联书店，1980年，第171页。

3 王芸生：《六十年来中国与日本》，第四卷，三联书店，1980年，第174页。

4 ［日］井上清著，尚永清译：《日本的军国主义》第二册，北京，商务印书馆，1958年，第156页。

国主义战争”，[1]该观点也已得到中、日、俄三国主流学者的普遍认同。[2]

既然日俄战争的性质是一场“非正义的帝国主义战争”，那么其所谓的交战合法性是很值得怀疑的。国际公法认为，非正义的战争不仅是非法的，而且是犯罪的。[3]日俄战争既然属于非正义的帝国主义战争，那其在中国境内开战不可能合法，即使交战是在中国主动划为战区的东三省地区，但依然不具有合法性。

到了近代，出现了以“国家实践”为国际法渊源的实证法学派，他们强调国家的“绝对战争权”，即主权国家为任何理由而发动的战争都是正义战争。奥本海也说，“只要战争是公认的实现现存权利和改变法律的国家政策工具，战争的原因是否合乎正义就没有什么法律意义了。”[4]但是，近代“战争的权利并非绝对，而是应该受到严格限制”，这样

1　Н.И. 普罗科宾科、李文俊：《日俄战争的发生、原因和性质》，载《历史教学》，1958(1)，第 40 页。

2　参见关捷、穆景元：《日俄战争辽阳会战始末》，载《军事历史研究》，2004（2）；朱昭华：《日俄战争与 20 世纪初的中国政治》，载《西伯利亚研究》，2005（2）；鹿岛守之助：《日露战争》，鹿岛守之助研究所出版会，1970 年；信夫清三郎，中山治一编《日露战争史の研究》，河出书房新社，1972 年；児島襄：《日露战争》，载《文芸春秋》，1990；Юлия Ульянникова：Чужие среди чужих, чужие среди своих Русско-японская война и эвакуация Сахалинской каторги в контексте имперской политики на Дальнем Востоке［J］.Ab Imperio.2010；Shatsillo, V. K：Русско-японская война, 1904-1905［J］Молодая Гвардия.2004. 等等。

3　林欣、李琼英：《国际刑法新论》，中国人民公安大学出版社，2005 年，第 96 页。

4　［英］劳特派特修订，王铁崖、陈体强译：《奥本海国际法》下卷，第一分册，商务印书馆，1989 年，第 162 页。

的观点更能代表国际法学界的主流。[1]正如近代国际法的奠基人格劳秀斯所说，如果战争的目的和宗旨是为维护国家和人民的正当权益，那么为了实现上述目的而有必要使用武力，“它不涉及任何违反初始自然原则的问题”。[2]这里所指正义战争有一个前提，便是维护国家和人民的正当权益，才具有正当性。如果不具有正当性，不管其开战理由如何充分，掠夺性的争霸战争也永远不可能成为合法。从这个意义上说，日俄战争是彻头彻尾的一场非正义战争。

1　参见 Hugo Grutius: On the Law of War and Peace［M］.Translated by F.W.Kelsey,Oxford.Clarendon Press,1925；Coleman Phillipson.Termination of war and treaties of peace［M］.Lawbook Exchange, Ltd.2007；Hugo Grotius:The Rrights of War and Peace, Including the Law of Nature and of Nations［M］.Cosimo Classics.2007；Svantesson,Dan Jerker B:On the Law of War and Peace［J］Commonwealth Law Bulletin.2013(2)；Arthur Ripstein：Just War, Regular War, and Perpetual Peace ［J］.Kant-Studien.2016（1）.

2　Richard Tuck：The rights of war and peace Book I[M].Ind:liberty Fund.2005，p183.

第三节　日俄战争受难国民呼唤政府提供保护

清政府东北国民权益问题的产生有其逐渐演变的过程。历史上，自沙俄势力进入中国东三省后，俄军侵犯东北国民权益的现象就屡见不鲜。1902 年 4 月 22 日，吉林将军长顺禀报称：4 月 12 日，俄官伙同 40 余名俄兵“在黑石镇勒诈该商民等银七十元，沿途所过地方被其骚扰者甚多”，甚至“将鲍姓、张姓二家十六岁室女奸污二名”；“俄兵扰害民生，并逼勒烟土、牛只、银圆及奸污幼女，致令民不聊生”。[1]相类似的侵扰案件，在清政府这一时期的诸多电报中都有记载。清政府拟定的处理方针是：“总宜镇静坚持，彼自转环，倘涉张皇，适坠狡术，资以口实。”[2]即与俄交涉，仍须“镇静坚持”，以免坠入圈套，被俄军借机扩大事端。在该方针指引下，日俄战争前东北国民权益保护被置于一种半忽视状态，而且，这时期的俄人侵扰华民权益事件还较零散，数量并不多，清政府也并未制订特定措施加以应对。

1　《吉林将军长顺为俄军纵容滋扰事给盛京将军咨文》（光绪二十八年三月十五日），中国边疆史地研究中心、辽宁省档案馆合编《东北边疆档案资料选辑》，第 2 册，广西师范大学出版社，2007 年，第 310 页。

2　《收北洋大臣袁世凯电：为俄回沈意在要挟我应镇静坚持电》（光绪二十九年九月二十六日），中国第一历史档案馆编：《清代军机处电报档汇编》，第 39 册，中国人民大学出版社，2005 年，第 33-34 页。

清政府真正对东北国民权益保护问题开始重视，是从日俄战争爆发，受难国民日益增多，侵权事件日益严重而起的。随着日俄战争威胁的逼近，旅居海参崴（俄名符拉迪沃斯托克，原为中国领土，1860年沙皇俄国逼迫清政府签订不平等的《中俄北京条约》，夺取了乌苏里江以东包括库页岛在内的约40万平方千米的领土，其中就包括海参崴。——编者注）的清政府国民请求政府派船接济回国，或提供保护。[1] 1904年2月10日，日俄互相宣战，清政府海参崴商务委员李家鳌向外务部电禀称："日本商员奉政府电撤使离俄，羁旅咸变产回国，华民惶恐，竭力安慰，然未奉训示，总难取信"，希望清政府与俄交涉"旅俄华民能否尽力保护"。[2]次日，外务部回复李家鳌称："旅崴华民本部已知照俄使转达俄政府，照约保护"，但"仍需与俄官妥商安抚，若事至警急，应如何设法迁避，亦望酌度情形预筹"。[3]清政府回应对海外国民安全的关注。其后，清政府就如何保护驻海参崴的中国国民与俄展开了交涉。

1904年2月12日，清外务部致电俄驻华公使雷萨尔：

1　关于该说法，《国家图书馆藏清代孤本外交档案》（孙学雷、刘家平主编：《国家图书馆藏清代孤本外交档案》，全国图书馆文献缩微复制中心，2005年）第37册所收《救抚崴埠旅大中国商民案》一文，记述了一些诸如"日俄将战，华民惶恐，请商俄使尽力保护由"而请求清政府保护的奏折或电报，其中所要求的保护除与俄交涉外，也有请政府派船接济回国等方面。

2　《收驻海参崴商务委员电一件：日俄将战华民惶恐请商俄使尽力保护由》（光绪二十九年十二月二十五日），孙学雷、刘家平主编：《国家图书馆藏清代孤本外交档案》，第37册，全国图书馆文献缩微复制中心，2005年，第15427页。

3　《发驻海参崴商务委员电一件：旅崴华民应商俄官安抚如有急须预筹由》（光绪二十九年十二月二十六日），孙学雷、刘家平主编：《国家图书馆藏清代孤本外交档案》，第37册，全国图书馆文献缩微复制中心，2005年，第15428页。

“俄日既有战事，旅崴华民身命财产，贵国自应妥为保护。”[1]雷萨尔回复称：“业已嘱饬各该官员，将在所辖各地旅住各国官民之身命，尽力保护。”[2]清政府对沙俄的照会不放心，饬令李家鳌“严加防范”，以防不测。当时，据李家鳌禀报，旅海参崴华民有两万余人，除从事工商业的万余人外，尚有“三千余老弱病残废”，即便和俄国官员协商妥当，但仍然觉得“万难驾驭”，“万一有警急，华民必慌”。[3]李家鳌最担心的是遇有紧急情形，究竟如何处置。清政府回复说，旅崴国民保护，总须“随宜酌筹”，“与俄官妥商保护”是为重点，若事态紧急，“令其陆续迁避，以免事急惶扰”。[4]同时，清外务部也命令当地镇台大人“尽力保护，有警北避双子城，若无火车，派兵护送步行”。随后，清政府开始与俄交涉，商定租俄船搭载清政府国民回国事宜。这是清政府对海外华民提供保护的初步举措。

日俄两国交战在即，旅韩【此时为大韩帝国而非后来的大韩民国。1897年10月12日，朝鲜王朝第26代国王李熙(朝鲜高宗)称帝，改朝鲜为“大韩帝国”。1919年4月11日，

1 《发俄国公使照会一件：旅崴华民应由俄国保护希转达政府由》（光绪二十九年十二月二十七日），孙学雷、刘家平主编：《国家图书馆藏清代孤本外交档案》，第37册，全国图书馆文献缩微复制中心，2005年，第15429页。

2 《收俄国公使照会一件：旅崴华民阿大臣已饬保护由》（光绪三十年正月初三日），孙学雷、刘家平主编：《国家图书馆藏清代孤本外交档案》，第37册，全国图书馆文献缩微复制中心，2005年，第15436页。

3 《收驻海参崴商务委员电一件：已经商俄官保护有急北避由》（光绪二十九年十二月二十九日），孙学雷、刘家平主编：《国家图书馆藏清代孤本外交档案》，第37册，全国图书馆文献缩微复制中心，2005年，第15430页。

4 《发驻海参崴商务委员电一件：商民有急北避余民能否迁避由》（光绪二十九年十二月三十日），孙学雷、刘家平主编：《国家图书馆藏清代孤本外交档案》，第37册，全国图书馆文献缩微复制中心，2005年，第15432页。

朝鲜独立运动领导人在上海成立大韩民国临时政府，并延续至今。——编者注】的清政府国民同样惶恐不安。1904 年 3 月 2 日，驻韩公使许台身给清外务部致函称：近期俄日两国在韩国仁川接战，我国民“在此不下二三千人，产业货物甚巨，前因风声日紧，既虑韩国匪党，又畏俄胜，兵抵汉（城）、仁（川），必遭蹂躏，极为惶恐，咸怀归志”；为保安全，许台身乞请外务部饬令“招商局照前章程，仍派商船每月来仁一次，藉为缓急之备用”。[1]3 月 10 日，清外务部回复许台身称：“惟招商轮船平时既不常赴韩，当此谨守局外之时，匆而派往，恐致猜嫌”，且“本部业已告驻京内田（内田康哉，1901–1906 年任驻北京公使。——编者注），请其转电驻韩林使（林権助，1899—1906 年任日本驻朝鲜公使。——编者注），遇事妥为保护”。[2]旅韩国民的要求实际上未能予以满足。

清政府拒绝派出商船，原因有两方面的考虑，一是如上述清政府回复言，清政府担忧派出商船到韩国，容易招致交战国猜疑，徒引争端；二是当时日本在仁川战役中击败俄军后，入驻汉城即“布告保全各国民人”。既然日本表明尊重除交战国外的各国人民利益，且在韩国仁川接战后也有“日兵自入汉（汉城）以来，秋毫无犯各国”的良好评语。所以，国力孱弱的清政府认为救济旅韩国民的需求还不急迫，于是

1 《收驻韩大臣信一件：商民恳派船来藉备缓急又日本布告保全商民应否告日使到谢由》（光绪三十年正月十六日），孙学雷、刘家平主编：《国家图书馆藏清代孤本外交档案》，第 38 册，全国图书馆文献缩微复制中心，2005 年，第 16117—16118 页。

2 《发驻韩大臣信一件：派船实有未便至日本布告已商日使转电妥为保护由》（光绪三十年正月二十四日），孙学雷、刘家平主编：《国家图书馆藏清代孤本外交档案》，第 38 册，全国图书馆文献缩微复制中心，2005 年，第 16121 页。

拒绝了后者的救济请求。清政府此时虽然没采取过多措施解决海外国民的担忧，但维护清政府国民权益问题已纳入清政府的视野。[1]

1904年3月7日，日俄两军在中国旅顺地区开战，兵燹所到之处，国民状况“殊甚可忧”。据清政府出使俄国钦差大臣（即驻俄公使）胡惟德报告，俄军“雇车备粮，如该处官民稍阻，或漏消息，官立即拘禁，民立即严办”。[2]清政府国民人身及物资惨遭沙俄军队的无情奴役和掠夺。当时有报刊发社论痛呼：“自俄入驻兵以来，被虐杀者几何？被劫夺者几何？被侮辱者几何？我同胞乃夷然。”[3]清政府内部也已开始讨论如何保护战境华民。[4]这个时候，俄远东总督阿列克塞耶夫公然向东三省发出命令称“满洲各官，所有俄军行营、驻防、购办粮草一切，临境应用各项，不惟不应拦阻，尤宜极力襄助”，并称“倘华官民仇视俄军，俄政府定于轸

1　关于“华民权益保护问题纳入清政府视野”的说法，考据于《国家图书馆藏清代孤本外交档案》，第37册和《清代军机处电报档汇编》，第39册，其中关于清政府如何应对日俄两国的开战及制定“局外中立”政策的讨论中，便有部分清政府官员提到关注海外华民保护的问题。由此可见，在战前华民权益保护问题已经纳入清政府制定政策的视野。

2　《收出使俄国大臣胡惟德电：为俄称辽西断难认局外事》（光绪三十年正月二十一日），中国第一历史档案馆编：《清代军机处电报档汇编》，第39册，中国人民大学出版社，2005年，第160页。

3　《社说—普告国民》，罗家伦主编：《俄事警闻》（第2版），1903年，第1期，第3页。

4　当时最早关注战区内华民无辜遭战火殃及的是清政府驻海外的官员如李家鳌等人，但真正引起清政府内部重视的仍是日俄两军在中国境内的直接交战，官员如增祺、袁世凯等都有对我国无辜平民遭战火殃及的损害如何应对的讨论。详情见中国第一历史档案馆编：《清代军机处电报档汇编》，第38册，中国人民大学出版社，2005年。其中收录有这些官员提及该问题的奏折，可充证明。

灭”。[1]俄国这是赤裸裸地威胁清政府，要求中国官员协助俄军，挑战清政府的权威。在这种情况下，如何切实有效地维护国民权益，是摆在清政府面前的一个大问题。

面对俄军的挑衅，清政府向俄外交部发出声明，要求俄国“约束兵队，满洲地方官中立，自应照办”，[2]并特声明：“两战国之人在中国地方，如其所为或不免有易滋扰，致酿事端之处，应有中国官加以查禁。”[3]这是明确提出要追究那些侵害东北国民权益的肇事者的责任。此后，清政府采取了一些针对性的措施。在俄军侵害东北国民权益的事件愈演愈烈的同时，日军自进入我国东北领土后，也大肆对民众进行侵犯，掠夺其粮草和物资，霸占其屋舍和土地，甚至对有反抗行为的民众进行残酷屠杀。

日俄两国在战争爆发前均宣布尊重中国之中立，俄“允保中国局外，惟中日须各按例办理”。[4]日本也声称“必与俄国同一尊重贵国之中立”。[5]按照传统国际公法，两国既已承认中国的中立地位，理应遵守国际法有关中立国的规定，可是日俄均未做到，这是对国际公法权威的严重挑战。随着

1 《旅顺战事汇记》，载《东方杂志》，1904 年，第 1 卷第 1 期，第 64 页。

2 《收出使俄国大臣胡惟德电：为向俄外部声明守局外事》（光绪三十年正月初八日），中国第一历史档案馆编：《清代军机处电报档汇编》，第 39 册，中国人民大学出版社，2005 年，第 129 页。

3 《论俄人之侵犯中立》（光绪二十九年正月初七日），见国家图书馆分馆编：《清末时事采新汇选》，第 8 册，北京图书馆出版社，1997 年，第 4206 页。

4 《收出使美国大臣梁诚电：为俄允保中国局外事》（光绪三十年正月初六日），中国第一历史档案馆编：《清代军机处电报档汇编》，第 39 册，中国人民大学出版社，2005 年，第 127 页。

5 《日外部覆杨枢日俄战争不敢损害中国主权照会》（光绪三十年十二月三十日），载王彦威纂辑、王亮编：《清季外交史料》，卷 181，书目文献出版社，1987 年，第 27 页。

日俄战事的持续展开，两国侵害清政府国民权益的事件也越来越多，清政府与两国的交涉也不断增多，成为这一时期令清政府外务部焦头烂额、疲于应付的国际性问题。

第四节 清政府“局外中立”政策下的国民保护原则

日俄战争爆发后，清政府宣守“局外中立”，这是在当时局势下，被逼无奈的外交选择。奉行“局外中立”政策的主要目的有两点，即借此尽可能维护国家利权和维护东北国民的权益，其执行的过程紧紧围绕这两点而进行。

一、清政府“局外中立”政策的制定

自日俄开始争夺远东主导权以来，日益临近的战争威胁迫使清政府不得不提前做出预案，采取应对政策。清政府内部也为此意见纷纭，产生过许多不同的声音。《顺天时报》报道称，日俄构衅“民间纷纷街谈巷议，京外人心惶惑，有谓宜联日拒俄乘机收回东三省者；有谓宜居间排解，使化干戈为玉帛者；亦有谓宜西幸长安，或南都荆楚、金陵，以安王室者。迨后，……，明诏宣示中立，浮议始息”。[1]就观点争执的情形看，主要介于“联日制俄”与“局外中立”两种之间，而所谓乘日俄构衅之机，联日收回东三省；或策动各国调停，利用中国中间地位进行调解；甚至迁都以避难的主张均未得到多数人的支持。

1 《论今日国势民情》（光绪二十九年四月十一日），国家图书馆分馆编：《清末时事采新汇选》，第 9 册，北京图书馆出版社，1997 年，第 4680 页。

1903 年 11 月 4 日，清政府驻美公使梁诚认为：日俄战争将爆发，“与日合力，或可收回辽沈，慑退德法”，[1]表达了联合日本抗俄，震慑其他外国列强的观点。1903 年 11 月 8 日，南洋大臣魏光焘也认为“各国调停，俄均悍然不顾，惟有外藉英日之声援，内合我国之全力以相争”，建议利用列强干预。[2]而代理贵州巡抚李经羲则上书称，“俄胜势必吞并，日胜无非所酬，两害相形，则取其轻。与其畏俄而不许，何如亲日而获成……不助日仍无全理，助日则或有幸望”，建议联合日本抗衡沙俄。[3]根据当时的局势，在无力抗击俄国侵略的情况下，很多人认为联日制俄不失为可取的外交策略，一时“联日制俄”论甚嚣尘上。除了李经羲，时任湖广总督张之洞、两江总督端方、工部左侍郎盛宣怀等都是这种论调的有力支持者。

然而，对于“联日制俄”政策，清政府却另有顾虑，如《日本官报》所言，“中国地大物博，人众资丰，设为目前之计，似以结为联盟”，“然想至将来结果所至，不特中国财政自此转绌，不能如约支付列国赔款，亦于中外商务窒碍甚多，不特是也。中国用兵势必致士民再萌故态，匪类蜂起，

1 《收出使美国梁诚电：为美非不欲调停事》（光绪二十九年九月十六日），中国第一历史档案馆编：《清代军机处电报档汇编》，第 39 册，中国人民大学出版社，2005 年，第 28 页。

2 《收南洋大臣魏光焘电：为备战事》（光绪二十九年九月二十日），中国第一历史档案馆编：《清代军机处电报档汇编》，第 39 册，中国人民大学出版社，2005 年，第 31 页。

3 《收署贵州巡抚李经羲致军机处请代奏电》（光绪二十九年十二月三十日），北平故宫博物院编：《清光绪朝中日交涉史料》，卷 75，北平故宫博物院文献馆，1932 年，第 4 页。

构衅外人，如庚子之变，中国亦承其弊矣”。[1]换言之，饱受列强摧残的清政府已不敢再轻启战端。更何况，当时日本对于中日联合并不感冒，甚至委婉地表示希望中国中立，谓“日俄交涉决裂之日，中国政府宜出何计，此事日本政府早于事前通盘筹划、审度利害，仍以中立为顾全大局之至计”。[2]日方的反对，令“联日制俄”的策略胎死腹中。

1903 年 12 月，日俄开战的威胁已迫在眉睫。驻俄公使胡惟德上书称：“日俄两国因关涉我东三省事，而酿成战局，则我于战时不能不守局外。”[3]表达希望清政府能宣守“局外中立”。当时手掌重兵、对清政局有重要影响力的直隶总督兼北洋大臣、练兵处会办大臣（练兵处负责创建各种新式武备学堂和编练后来著名的北洋六镇。练兵处总理大臣为庆亲王奕劻，但实权为袁世凯掌握。——编者注）袁世凯也赞同局外中立，他说：“日俄有役，我居局中固难，局外似亦未妥，两害取其轻”；“（惟今局势）附俄则日以海军扰我东南，附日则俄分陆军扰我东北，不但中国立危，且牵动全球，日俄决裂，我当守局外”。[4]1904 年 1 月 19 日，袁世凯奏请统筹布防事宜，再次说明“就我现在情势而论，不得不谨守

1　《中国中立局外交涉始末》（光绪三十年正月二十日），国家图书馆分馆编：《清末时事采新汇选》，第 8 册，北京图书馆出版社，1997 年，第 4247 页。

2　《中国中立局外交涉始末》（光绪三十年正月二十日），国家图书馆分馆编：《清末时事采新汇选》，第 8 册，北京图书馆出版社，1997 年，第 4247 页。

3　《使俄胡惟德奏日俄战局迟速必出于和中宜亟筹应付摺》（光绪二十九年十月二十三日），王彦威纂辑、王亮编：《清季外交史料》，卷 178，书目文献出版社，1987 年，第 17 页。

4　《直督袁世凯致外部日俄开仗我应守局外祈核示电》（光绪二十九年十一月初九日），王彦威纂辑、王亮编：《清季外交史料》，卷 179，书目文献出版社，1987 年，第 4 页。

局外”的观点。[1]此后，袁世凯不断的上书清廷，“祈旨宣守中立，并迅颁发条规，以定人心”。[2]在袁世凯等人的推动下，“局外中立”渐为大多数人所接受，并成为清政府于日俄战争期间所奉行的主导政策。

1904年2月9日，日俄开战，各国纷纷宣布中立，清政府也于2月12日颁布上谕，称“日俄失和，朝廷轸念彼此均系友邦，中国应按局外中立之例办理”，[3]正式宣守“局外中立”政策。同时，清政府颁布《局外中立条规》，划定战区，声明“东三省疆土，无论两国胜败如何，应归中国主权，两国均不得侵占”。[4]清政府的“局外中立”政策由是确立，并在日俄战争中施行。

二、“局外中立”政策也寓有国民权益保护之意

国民权益是一个很宽泛的概念。一般认为，封建时代的中国，并无现代意义上的权利概念。考察中国封建时代人民的权利状况，“可以说，上至王公大臣，下至平民百姓，都

1　《密陈遵照传谕统筹布置防守情形折》（光绪二十九年十二月初三日），天津图书馆、天津社科院历史研究所编：《袁世凯奏议》中册，天津古籍出版社，1987年，第875页。

2　《收北洋大臣袁世凯电：为祈旨宣守中立事》（光绪二十九年十二月二十六日），中国第一历史档案馆编：《清代军机处电报档汇编》，第39册，中国人民大学出版社，2005年，第93页。

3　《上谕》（光绪二十九年十二月二十七日），中国第一历史档案馆编：《光绪宣统两朝上谕档》，第29册，广西师范大学出版社，第381页。

4　《使日杨枢致日外部日俄开战中国当严守中立照会》（光绪二十九年十二月二十八日），王彦威纂辑、王亮编：《清季外交史料》，卷181，书目文献出版社，1987年，第26页。

没有什么权利”。[1]只有封建皇帝才享有专制主义国家的全部特权。清政府于1908年8月27日颁布的《钦定宪法大纲》，这是历史上第一次以国家法律的形式肯定辖下臣民拥有符合近代法律意义的权利与义务。但平心而论，封建时代的中国虽然没有法律明确规定臣民拥有何种权利，却有规定臣民何事可为，何事不可为，或保护臣民人身或财产的明确条文。亦可言之，封建中国并无赋予臣民何种权利，却有限制臣民相关行为以保护臣民权益的强力规定。这一点，我们考察封建时代具有代表性的法律——《大清律例》——就可见一斑。

《大清律例》全文分七部分，列举了近四千种犯罪行为，并逐一规定处罚措施，尤其《刑律》部分，有相当多的内容是保护臣民人身及财产安全的，如关于“人命”的规定是，“凡谋杀人造意者，斩；从而加功者，绞；不加功者，杖一百，流三千里。”[2]另外，对于“贼盗”财产的规定是，“凡白昼抢夺人财物者，杖一百，徒三年；计赃，重者，加窃盗罪二等；伤人者，斩；为从，各减一等，并于右小臂膊上刺‘抢夺’二字。”[3]从这些法律条文可知，清政府延续封建社会传统的“民本”思想，虽然没有近代西方法律意义上的权力，却有明确保护辖下臣民生命及财产安全的明确意思。

正如清康熙帝上谕所言：“国家设立法制，原以禁暴止奸、安全良善，故律例繁简因时制宜，总期合于古帝王钦恤

1　冯江峰：《清末民初人权思想的肇始与嬗变》，中国政法大学博士论文，2006年，第9页。

2　《刑律·人命》，上海大学法学院、上海市政法管理干部学院编：《大清律例》，卷26，天津古籍出版社，1993年，第438页。

3　《刑律·贼盗》，上海大学法学院、上海市政法管理干部学院编：《大清律例》，卷24，天津古籍出版社，1993年，第382页。

民命之意。”[1]而自清末新政改革后，清政府更注重实业，皇帝屡颁上谕要求保护私人财产尤其是商民财产。1903 年 3 月 21 日，光绪皇帝颁布上谕谓：“（南洋各埠）华商人等，凡有因事回华者，其身家财产均责成该省督抚严饬地方官，切实保护。”[2]再如 1903 年 11 月 19 日，光绪皇帝颁布上谕说：“出洋华民回华，着各省切实保护”，尤其“沿海各省督抚，严饬各省州县，随时随事，实力保护”。[3]综上所述，封建时代的律法虽然没有明确说明什么是国民权益，但是以“法令禁止”——即什么不能做——的形式来保护国民的基本权益，这就是生命权和财产权。所以，笔者考察清政府维护日俄战争时的东北国民权益问题，也将这种权益限定为生命权和财产权，及由此而延伸出的系列利益。

1904 年清政府颁布“局外中立”政策，主要目的之一就是维护国民权益。时值日俄开战，清政府面临的压力很大，东北战境内的民众更是忧惧不已。据代理贵州巡抚李经羲陈述，东北国民“目前任人私毒，听人袭扰，受人钳制”，[4]几乎难以生存。伊犁将军马亮也深有同感，他说：“日俄开

1 《圣祖仁皇帝上谕》，上海大学法学院、上海市政法管理干部学院编：《大清律例》，卷 24，天津古籍出版社，1993 年，第 667 页。

2 《上谕》（光绪二十九年二月二十三日），北京政学社编：《大清法规大全·实业部》，第 6 册，考正出版社，1962 年，第 2949 页。

3 《上谕》（光绪二十九年十月初一日），北京政学社编：《大清法规大全·实业部》，第 6 册，考正出版社，1962 年，第 2950 页。

4 《收署贵州巡抚李经羲致军机处请代奏电》（光绪二十九年十二月三十日），北平故宫博物院编：《清光绪朝中日交涉史料》，卷 75，北平故宫博物院文献馆，1932 年，第 4 页。

战，人民涂炭，亦甚不忍。”[1]当无辜的国民深受兵燹之苦时，国力孱弱的清政府既难言向日俄两国发难，又做不到采取有力措施妥为保护其子民，可谓内忧外困集于一身。在这种情况下，奉行为国际社会所承认、国际法有明文规定的中立政策不失为一种较好的选择，诚如时任两广总督岑春煊所说，“为今之计，固以中立为宜”；当发生侵害华民事件，“可援引公法”；“倘俄国不遵公法，必以我局外国之人供其备战之用”，即属“干犯公法”。[2]援引国际公法限制交战国军队的非法行为，既能尽力维护华民权益，又可赢得国际舆论支持，最大限度地维护自身利权，从而使清政府免于陷入护国无方、护民无力的道义困境。

1904年2月12日，清政府颁布《局外中立条规》，明确宣守国际法所规定的中立国的权利与义务，并据此对东北战境内的我国民众提供保护。《局外中立条规》中有关维护东北战境国民权益的内容有好几条，最重要的如“中国人民寄居战国境内者，其身家财产均仰战国保护，不得掠夺其资财或勒充兵役”。[3]盛京将军治下的奉天交涉总局（设立于1898年4月，掌理奉天对外交涉事务，隶属于盛京将军，光绪1907年东三省改革官制时裁撤，改设奉天交涉司。——

1　《收伊犁将军马亮电：为请各国调和三省事》（光绪二十九年十二月十五日），中国第一历史档案馆编：《清代军机处电报档汇编》，第39册，中国人民大学出版社，2005年，第79页。

2　《粤督岑春煊致外部日俄开战宜乘势收回东三省电》（光绪二十九年十二月二十五日），王彦威纂辑、王亮编：《清季外交史料》，卷181，书目文献出版社，1987年，第17页。

3　《日俄战争中国严守局外中立条规》（光绪二十九年十二月二十七日），王彦威纂辑、王亮编：《清季外交史料》，卷181，书目文献出版社，1987年，第21页。

编者注）也在同时规定："两国开战后，凡战地限内之村屯市镇人民财产，不免冲突，倘有损失，照公法应有战败之国认赔。如有无辜杀伤人命、烧毁房屋、抢掠财物，何国所行之事，应有何国认赔。"[1]这条规定，符合国际公法有关中立国索赔规定，为战后清政府向日俄索赔战争损失及国民损害提供了法理基础。

1 《奉天交涉总局、督辕营务处为预拟限制战界条章事给奉天督辕文案处移》（光绪二十九年十二月二十七日），辽宁省档案馆编：《日俄战争档案史料》，辽宁古籍出版社，1995 年，第 91 页。

第二章

日俄两军违反国际法的战争罪行

1899年5月18日，经末代沙皇尼古拉二世倡议和发起，第一次海牙和平会议于荷兰海牙举行，参加会议的有中国、俄国、英国、法国、德国、日本、意大利、美国、奥匈帝国等26个国家。会议签署了一系列文件，其中就包括《陆战法规和惯例公约》(又称"1899年海牙第2公约")及附件《陆战法规和惯例章程》。

1899年第一次海牙和平会议后，帝国主义国家军备竞赛愈演愈烈。在同盟国和协约国两大军事集团斗争日益加剧的情况下，第二次海牙和平会议于1907年6月15日至10月18日在海牙召开，包括第一次海牙会议全体参加国在内的44个国家的代表参加了会议。此次会议对上一次海牙和会所签部分条约进行了修正，《陆战法规和惯例公约》也被修改，为区别1899年旧约，此次改约又被称为"1907年海牙第4公约"。此次和会还签署了《中立国和人民在陆战中的权利和义务公约》(又称"1907年海牙第5公约")。清政府在日俄战争中保持中立及向日俄两国追索战损赔偿，所依据的主要就是这几个国际公约。

海牙公约的所有子约中都有"只有在所有交战国都是缔约国时方能适用"的条款，而日俄战争的当事方和中立方中国都是海牙公约缔约国，所以该公约同时平等地适用于中、日、俄三国，而不以各自国家的经济和军事实力的差异而有所不同。根据该公约，日俄有义务尊重中国的中立地位和中立国国民的生命安全、生产和生活不受双方战事侵犯的权利。

清政府宣布遵守“局外中立”政策后，日俄两国及列强表面上都纷纷表示尊重。按照海牙公约的相关规定，交战国既已承认他国中立地位，则其军队行为自应受到相应的限制，如《陆战法规和惯例章程》就规定，军队要“在作战中遵守战争法规和惯例”，[1]第四十六条也规定：“个人的生命和私有财产以及宗教信仰和活动，应受到尊重。私有财产不得没收。”[2]交战国若不遵守这一公约，则是违反海牙公约的犯罪行为，严重者将构成战争罪。然而，从日俄在战时和战后的表现看，两国均未对海牙公约有过真正的尊重，清政府的国家主权不但横遭践踏，其东北战境下的国民也蒙受了巨大的生命及财产损失。根据海牙公约，日俄军队在战争中的侵权行为，有的已经构成战争罪。

1　参见奥本海的《奥本海国际法》上卷，第一分册，第 20 页等。

2　《陆战法规惯例章程》，王铁崖等编：《战争法文献集》，解放军出版社，1986 年，第 11 页、第 17 页。

第一节　日俄两国对清政府“局外中立”的态度

1903年底，日俄两国对远东的争夺愈演愈烈，战争一触即发。清政府官员中联日派和中立派进行了激烈的辩论，最后中立派获胜，清政府决定施行“局外中立”政策，并为此布告交战国及西方列强。时任美国国务卿约翰·海伊即照会各国，声明“日俄于交战时，并既战之后，务认中国守局外之例及自主管辖之权”，[1]率先承认中国的中立地位。德国稍后也表示承认，并“劝两战国允认”清政府的中立。[2]英、法、奥（匈帝国）、意等国也纷纷宣布承认中国的中立地位。从列强的角度看，他们纷纷承认中国中立，原因有三点：“一、恐中国财政拮据，致所欠各国洋债不能如期归还；二、恐各国在中国之商务受害太深；三、恐中国乱民又起排外之念，蹈庚子之覆辙。”[3]而中国的中立最符合列强利益。

尤其值得注意的是两交战国的态度，列强纷纷承认中国

1　《收天津路透电：为伦敦报日俄交战事》（光绪二十九年十二月二十七日），中国第一历史档案馆编：《清代军机处电报档汇编》，第39册，中国人民大学出版社，2005年，第96页。

2　《发出使德国大臣荫昌电：为德皇子来京电》（光绪三十年正月十三日），中国第一历史档案馆编：《清代军机处电报档汇编》，第38册，中国人民大学出版社，2005年，第306页。

3　《宣告中立来往公文 附跋》（光绪三十年正月十二日），国家图书馆分馆编：《清末时事采新汇选》，第8册，北京图书馆出版社，1997年，第4274页。

中立，正符日本之意。日方表示，日本前收“美国海（伊）大臣请认中国守局外之文，亦蒙法国允从，英国亦以其所拟办法合理，想俄国亦必无异议”，“日本虽明知与中国联合有益，而在巴黎所发之日本公文，云：日本已劝中国守局外之例”。[1]该电文表达了日本赞成清政府中立的态度。

事实上，日本拒绝清政府“联日制俄”的提议，赞成中国施行“局外中立”政策，有其自己的考虑。明面上，日本将之解释为：“以免日俄两国用中国口岸，或为战场，或作退藏之地”遽扰中国。实际上，如日本外交史家鹿岛守之助所言：日本政府认为东亚大陆是日本政策的“着重点”，与俄交涉也是为实现这一政策。现今远东形势急迫，若允许中国与日联合作战，恐中国人将俄国人与外国人一体看待，迫害无辜白人，甚至“使过去的义和团事变重演”，“不满之徒要乘机内乱”，则外国必定干涉。若是如此，日本终会失去远东的立脚点，从而“违背帝国纲领”。而让中国保持“局外中立”，既可“不给别国干涉口实”，也可使战区“限于局部”，给各国造成的损失最小化，从而“使战争的国际关系单纯化”。[2]所以，交战限于日俄两国，清政府施行“局外中立”，这对日本是合乎时宜的。

在俄国看来，清政府颁行“局外中立”政策，亦无不可，但要想获得俄国承认，需要清政府满足必要条件。1904 年 2 月 18 日，俄驻远东总督阿列克塞耶夫提出要求，称“（清政府）既守局外，铁路两旁及驻扎开战之队，各处六十俄里内，不

1　《收上海路透电》（光绪三十年正月初一日），北平故宫博物院编：《清光绪朝中日交涉史料》，卷 75，北平故宫博物院文献馆，1932 年，第 6 页。

2　穆景元：《日俄战争史》，辽宁大学出版社，1993 年，第 180—181 页。

得驻扎华队”，并且“限原有华队四天内退出”，若不照办，“俄军队不以局外规视之”。[1]对俄方的要求，清政府认为，时“东省兵力单薄，与彼逼处，易肇衅”，“不妨暂时退扎”，答应俄方要求。[2]但是，俄国仍不满足，再添条件说，要求清政府“守局外，仍须政府地方官不违背此例，又须日本真实认我局外”，且“满洲地方自不在此例”，“辽西亦满洲境，难守局外”。[3]如果清政府满足以上条件，那么沙俄就承认清政府中立，且对大清的“陵寝、宫殿、城署等”，作出保护其安全的承诺，[4]作为回报。收到照会的清政府认为：俄国“需索甚多”，其他要求还可以，但“辽西亦满洲境，难守局外”的要求，必有蹊跷。因为“辽西系俄兵照约已退之地，彼谓难守局外，恐其有意侵轶”。[5]于是，要求驻俄公使胡惟德与俄国外交部继续交涉。但俄国毫不退让，强硬坚持“辽西不能属局外境”的观点。清政府也坚守“辽西应认局外”的立场，称“辽西既照约退兵，亦还铁路，如俄不明入局外，有违两约”。清政府还要挟说，“辽河界限天然河西，非俄

1 《收盛京将军增祺、奉天府尹廷杰电：为俄员照称中国应严守局外之例事》（光绪三十年正月初三日），中国第一历史档案馆编：《清代军机处电报档汇编》，第39册，中国人民大学出版社，2005年，第115页。

2 《发盛京将军增祺电：为暂行退扎事》（光绪三十年正月初四日），中国第一历史档案馆编：《清代军机处电报档汇编》，第38册，中国人民大学出版社，2005年，第299页。

3 《收驻俄胡大臣致外部电》（光绪三十年正月初五日），北平故宫博物院编：《清光绪朝中日交涉史料》，卷75，北平故宫博物院文献馆，1932年，第11页。

4 《发出使俄国大臣胡惟德电：为中国守局外事》（光绪三十年正月初五日），中国第一历史档案馆编：《清代军机处电报档汇编》，第38册，中国人民大学出版社，2005年，第300页。

5 《发北洋大臣袁世凯电：为中国守局外事》（光绪三十年正月初五日），中国第一历史档案馆编：《清代军机处电报档汇编》，第38册，中国人民大学出版社，2005年，第300页。

兵必由之路”，若俄国强硬占有，拒不退出。到时“俄兵可到，日兵亦可进，愈增枝节”，更何况“辽西地接榆关，所驻联军中有日兵，恐干战事”，[1]暗中挑明俄军难处，逼俄国退让。

经过清政府与俄国多次交涉，俄国反复权衡利益得失，最后决定承认辽西同属局外中立地区，但又增加了新的条件，要求“东三省及蒙古、东北隅铁路所经为运兵用兵要地，势难认为局外，须与兵部阿列商定界限”，并声明如满足条件和“中国恪守中立”“俄决不侵越”。[2]清政府经过商讨后，回复说：“中国照局外例办理，惟东三省情形不能于乱前预定。”[3]希望划定交战区域后再行商讨，俄方表示赞同。1904年2月19日，沙俄正式表示尊重中国中立。[4]

按照国际公法，当战事发生时一国宣布保持中立，只要得到各交战国的承认，其作为中立方所享有的权利与义务就生效。[5]日俄两国已声明承认清政府的中立，就应遵守中立方的权利与义务。对此，俄国声明：“中国人命财产，俄队

1 《发北洋大臣袁世凯电：为认定辽西为局外之区事》（光绪三十年正月初十日），中国第一历史档案馆编：《清代军机处电报档汇编》，第38册，中国人民大学出版社，2005年，第304页。

2 《收出使俄国大臣胡惟德电：为与俄商定俄运兵要地界限事》（光绪三十年十二月三十日），中国第一历史档案馆编：《清代军机处电报档汇编》，第39册，中国人民大学出版社，2005年，第105页。

3 《发出使俄国大臣胡惟德电：为中国守局外事》（光绪三十年正月初五日），中国第一历史档案馆编：《清代军机处电报档汇编》，第38册，中国人民大学出版社，2005年，第300页。

4 郭廷以编著：《近代中国史事日志》下册，中华书局，1987年，第1198页。

5 奥本海：《奥本海国际法——战争与中立》，商务印书馆，1934年，第333—334页。

所经过，亦应恪守纪律，弗稍偏损。”[1]日本也表态：“若中国持守中立，而俄国认之，则日本政府亦必认之”；[2]“日本军队于其身命财产，必当十分尊重保护”。[3]但是，就日俄军队在中国东北战区的表现看，两国军队各自上演的种种勒、逼、抢、劫等行为，无疑极具讽刺意味。根据国际法对战争罪的定义和分类，[4]日俄军队的一些所作所为已完全可以归为战争暴行。

1　《收盛京将军增祺、奉天府尹廷杰电：为俄员照称中国应严守局外之例事》（光绪三十年正月初三日），中国第一历史档案馆编：《清代军机处电报档汇编》，第 39 册，中国人民大学出版社，2005 年，第 115 页。

2　《纪中国中立与各国之关系》（1904 年 2 月 27 号），罗家伦：《警钟日报》，第 2 版第 1 册，第 18 页。

3　《日外部复杨枢日俄战争不敢损害中国主权照会》（光绪二十九年十二月二十八日），王彦威纂辑、王亮编：《清季外交史料》，卷 181，书目文献出版社，1987 年，第 27 页。

4　《国际法》将构成战争罪行为划“分成四类：（一）武装部队人员所作违反公认的作战规则的行为；（二）不属于敌国武装部队的个人所作的武装敌对行为；（三）间谍行为和战时叛逆行为；（四）一切抢劫行为。”参见 [英] 劳特派特修订，王铁崖、陈体强译：《奥本海国际法》下卷，第二分册，商务印书馆，1989 年，第 83-84 页。

第二节 俄军违反战争法规的暴行

为国际所公认的战争法规既具有普世的人道主义性质，也具有法理意义。一般认为，“在战争期间，一切交战国都有义务尊重并且都有权利坚持彼此之间遵守公认的作战规则。”[1]此规则“即为陆战时，公共遵守而不能违背之章程”。[2]若交战国及其战斗人员违背国际法中的战争规则，将构成战争罪。对犯有战争罪的国家及其机关而言，“它们在国际法上应负国际刑事责任”。而对犯有战争罪的战斗人员而言，“如果行为者被敌方拿捕，即可予以惩罚的敌对行为或其他行为”。[3]按照此公法规定及有关中立国权利之规定，再来看日俄军队在战争中之所为，很多都已经构成战争犯罪。

一、 强掠资财，屠杀华民

日俄构衅以来，关于“俄军素无纪律”等评语见于诸多电报中，俄军侵犯清政府东北国民权益之严重，数量之多，

1 ［英］劳特派特修订，王铁崖、陈体强译：《奥本海国际法》下卷，第一分册，商务印书馆，1989 年，第 159 页。

2 《陆战规条叙》（光绪三十年二月二十九日），国家图书馆分馆编：《清末时事采新汇选》，第 9 册，北京图书馆出版社，1997 年，第 4220 页。

3 ［英］劳特派特修订，王铁崖、陈体强译：《奥本海国际法》下卷，第二分册，商务印书馆，1989 年，第 83 页。

性质之恶劣，在历史上都是罕见的。

1904 年 4 月 3 日，据山海关内外铁路局禀报，俄兵在营口车站借口“办案”，将“英人名沙鳌顿，及多名中国民人”，捉拿讯问。其中，清政府铁路局“员司住房均被俄兵搜查”。[1] 清政府因该事件与沙俄交涉，要求俄军管制兵员行为。俄方回复说：“近因日人于战地内外或洋装或华装，探听军情，致有此事。”[2] 对于清政府的管制兵员要求，俄国未予理会。按照国际公法，“每个国家对国家领土内的一切人和物都有属地最高权的支配—管辖权”，[3] 也就是说每个国家对本国国民应有最高司法管辖权，不受中立国身份影响；而且“一个中立国不得准许一个交战国在中立领土上设立法院，这是早已被普遍承认的原则”，[4] 即使交战国私自成立，也是非法。就此来看，法理上俄兵行为是对我国司法权及国民司法权益的侵犯，即使确有需要，也应该是俄方向清政府提出搜捕要求，清政府审查同意后，再由清政府执法人员执行搜查或施以惩戒。俄军未向清政府提出搜查要求，即随意搜查、讯问清政府国民，直接践踏了清政府的司法主权，也严重侵害了清政府国民利益。在日俄战争期间，俄军此类事件非常普遍。

1　《收北洋大臣袁世凯电：为俄兵擅捉路员等事》（光绪三十年二月十八日），中国第一历史档案馆编：《清代军机处电报档汇编》，第 39 册，中国人民大学出版社，2005 年，第 195 页。

2　《收北洋大臣致外务部电》（光绪三十年二月二十日），中国第一历史档案馆编：《清代军机处电报档汇编》，第 39 册，中国人民大学出版社，2005 年，第 279 页。

3　[英] 劳特派特修订，王铁崖、陈体强译：《奥本海国际法》上卷，第一分册，商务印书馆，1989 年，第 244 页。

4　[英] 劳特派特修订，王铁崖、陈体强译：《奥本海国际法》下卷，第二分册，商务印书馆，1989 年，第 184 页。

俄军此举虽并不违反国际法中的战争法的规定，但却不折不扣违反了国际法中有关尊重和维护中立国权利的规定。

1904 年 6 月 5 日，俄军以岫岩州知州段鸿寿“不帮车买物，任铺户关闭，偏向日本”为说辞，在“十五日将该员带到辽阳车站看押”，不允许清政府官员探视。清政府当局感到愤怒，提出与俄交涉，称“查友邦官吏，即有不合，尽可照会该管上司查办，何可一再拘禁，况责令帮助，尤非情理”，要求立刻将该知州放回。[1]俄方认为“岫岩州为日人占据时，知州将日人领入州内”是属不遵守中立。如果想保回该官员，只有等俄军“占据岫岩时，再行送还”，[2]态度极其蛮横。后来，该知州经过清政府多次与俄交涉才得以取保救出。

国际法规定：“中立国须以公正不偏态度待遇交战双方，交战国有向中立国要求公正待遇之权。”[3]俄国可以要求清政府官员给予与日本相同的待遇，但是如清方交涉所说，即使该知州的确有偏颇行为，也应该向其上级反映，而不是任意拘禁中方官员，这并不符合国际法的规定。何况，对于该官员是否真有助日行为，还不能确定。将日人领入州内，若无任何实质性行动，国际法上并不能算违反中立。国际法的规定是这样的：“对一交战国的同情和对另一个交战国的不赞成是不矛盾的，只要这种情感不表现于行动以至于破坏公

1 《收盛京将军增祺、奉天府尹廷杰电：为俄人拘禁岫岩石州令事》（光绪三十年四月二十二日），中国第一历史档案馆编：《清代军机处电报档汇编》，第 39 册，中国人民大学出版社，2005 年，第 272 页。

2 《收盛京将军增祺、奉天府尹廷杰电：为俄人拘禁岫岩石州令事》（光绪三十年五月二十一日），中国第一历史档案馆编：《清代军机处电报档汇编》，第 39 册，中国人民大学出版社，2005 年，第 305 页。

3 奥本海：《奥本海国际法——战争与中立》，商务印书馆，1934 年，第 337—338 页。

正不偏的态度即可。”[1]甚至，我们也可以合理地猜想，该官员有可能是被日军胁迫而带日军进城的。如前所述，非法拘禁中立国官员虽并不违反战争法规，但却是侵犯了国际法赋予中立国的权利，其性质较严重，是对中立国主权的蔑视和挑战。

俄军对战区内中国平民的违法行为主要是大肆掠抢华民资财、粮草，屠杀清政府国民。战事中，俄军“所需粮草，逼勒铺商代办应付”，如不照办，即行拘禁，已“殊背局外中立之例”。[2]更有甚者，“俄兵违法强夺逼勒，到处骚然，我民何辜遭此涂炭”。据代理怀仁县令刘朝钧禀报：“俄兵四处游弋，强勒肆扰，阖邑三十六保中，几无幸免。当时阻止而不听，执章与辩而不从，违背约章，俄难辞其咎。是已战之地固遭其祸，未战之地亦同受其殃。”[3]

清政府颁布的《日俄战争中国严守局外中立条规》规定：“不得代战国购办禁货，或在境内制造禁货，运销战国之陆海军。”[4]粮草属于战时违禁品类，所以清政府商民拒绝替俄代办，本属严守中立之举，却遭逼迫，这当然是俄军在侵犯中立国民权益。案件中，俄军让中国商民代办不成，就直

1　[英]劳特派特修订，王铁崖、陈体强译：《奥本海国际法》下卷，第二分册，商务印书馆，1989 年，第 148 页。

2　《奉天府尹为俄军到怀仁勒索粮草事给盛京将军增祺咨文附批》（光绪三十年三月十八日），中国边疆史地研究中心、辽宁省档案馆合编：《东北边疆档案资料选辑》，第 5 册，广西师范大学出版社，2007 年，第 48—49 页。

3　《刘朝钧为报日俄在境交战及俄兵滋扰情形给增祺禀》（光绪三十年五月初一日），辽宁省档案馆编：《日俄战争档案史料》，辽宁古籍出版社，1995 年，第 56 页。

4　《日俄战争中国严守局外中立条规》（光绪二十九年十二月二十七日），王彦威纂辑、王亮编：《清季外交史料》，卷 181，书目文献出版社，1987 年，第 20 页。

接强抢强夺，稍有不从或反抗，便直接使用武力血腥镇压。根据国际法，战争中抢劫私人财产的行为已构成战争罪。俄军对此毫不理会，反而大肆宣扬与清政府“系友邦”，俄军一切行为皆符西方“人道”之举。其荒谬猖獗，骇人听闻。

既然俄军提到“人道”，那我们这里就来探讨一下什么是人道。按照西方天赋人权的观点：“天既赋人以性命，则必畀以顾全性命之权；天既备人以百物，则必与以报其身家之权。”[1]简单地说，人的生命权及财产权是上天赋予，任何人都不能强行剥夺。如果有人依仗强力剥夺他人的财产或生命，就是对国际公法的根本挑衅。国际公法有“公法最有益于人道”之言，[2]表达出国际公法是对人最本质权利的保护，这才是最大的人道。因此，交战国不能侵犯中立国无辜人民的身命财产安全，这在国际法中有明文规定。考察俄军的种种行为，于理不合，于法更不符。

性质更为恶劣的是俄军对战区内中国国民的任意侮辱及杀害。据当时的报道记载，俄兵“沿途烧毁桥梁至德川，暴愈甚，入民家掠夺粮食货物，毁家财、破器具，夺牛十余头，驱马搜索，妇女遇之必任其羞辱，方不加杀”“全城坊有小女十五岁，为数俄兵轮奸，小女翌日死亡。到辽阳，其暴状益甚，无故放火路旁，焚十四户，奸杀妇女不可举数”。[3]正如清政府通化县令秋桐孚致代理盛京将军廷杰公函所说：

1　《新政真诠五篇·劝学篇书后》，陆学艺、王处辉主编：《中国社会思想史资料选辑 晚清卷》，广西人民出版社，2007 年，第 99 页。

2　《公法会通·万物草堂遗稿外编》，康有为撰，姜义华、张荣华编：《康有为全集（增订本）》，第一集，中国人民大学出版社，2007 年，第 161 页。

3　《俄兵经过地方之种种说》（1904 年 6 月 25 日），国家图书馆分馆编：《清末时事采新汇选》，第 9 册，北京图书馆出版社，1997 年，第 5111 页。

“(我国宣守局外)两国兵队往来皆应设法保护中立国官民，以符局外之约。乃俄国弁兵恣睢暴戾，悍然不顾，竟拘辱我官吏，扰害我商民，劫放封犯，焚毁案卷，甚有纵兵搜索公款及烧抢奸淫居民各情事，种种野蛮，实违公法”，东省现“无端遭此奇虐，殊甚愤懑。”[1]上述俄军的行为，不仅违背国际公法，构成战争罪，甚至已酿成东三省的人道主义灾难。

清政府对俄方侵权的行为进行了不屈不挠的斗争，“执此与辩，几至舌敝唇焦，而彼仍谓之反对”。[2]凡有案件，清政府都会要求派员会查，俄方“称不允派员会同查办，且彼要求事均不照办，所以禀控俄兵各件，只能置之不理”。[3]囿于实力所限，清政府对俄方的恶劣行径万般无奈，“惟于地方力图补救之方，隐忍图功，坚持不懈，以挽时艰而期有济”。[4]俄军种种违背国际公法的战争暴行，令东北官民皆对俄咬牙切齿，“自俄兵入我疆土，残我闾阎，荒我田园，夺我财物，辱我妇幼，视我父祖昆弟不啻如狗彘牛马”，[5]这是对俄军战争暴行的最好概括。

1　《秋桐孚为俄兵骚扰地面事给廷杰禀》（光绪三十一年三月二十九日），辽宁省档案馆编:《日俄战争档案史料》，辽宁古籍出版社，1995 年，第 410 页。

2　《增祺、廷杰为日俄开战时局日迫交涉因应益难措手事的奏折》（光绪三十年二月初八日），辽宁省档案馆编:《日俄战争档案史料》，辽宁古籍出版社，1995 年，第 135—136 页。

3　《收盛京将军增祺、奉天府尹廷杰电：为俄兵滋扰事》（光绪三十年四月初八日），中国第一历史档案馆编：《清代军机处电报档汇编》，第 39 册，中国人民大学出版社，2005 年，第 258 页。

4　《秋桐孚为俄兵骚扰地面事给廷杰禀》（光绪三十一年三月二十九日），辽宁省档案馆编:《日俄战争档案史料》，辽宁古籍出版社，1995 年，第 410 页。

5　《满洲义军统带官门首檄文一则》，通化市政协文史学习委员会编：《东边道经济开发史略》，通化师范学院印刷厂，1998 年，第 98 页。

二、扶植华匪，杀害华民

日俄开战后，俄军侵害中国国民权益的案件呈愈演愈烈之势，“俄军之害，固不待言”，但当时除蛮横无理的俄军外，还有另外一股至今还不太为我们所知的黑恶势力，充当侵害清政府国民权益的爪牙和打手，这就是华队。[1]华队亦称“华匪”“马贼”，是俄国所雇佣支持的由东北当地一些地痞流氓组成的队伍，他们肆虐于东北战境各地，到处“派索掳抢，殊为民害”，[2]成为俄军侵害清政府国民权益的重要帮凶。

俄军招募华匪充当打手很早就开始了，其最初的目的在于缓解俄驻华兵力不足的问题。俄军希望通过招募当地华民组成华队，为其守护铁路、保护木植，必要时也作参战之用。日俄战争爆发后，兵力捉襟见肘的沙俄更进一步加大征募华民的力度和规模，乃至向他们配发枪支，编入俄军为其所用。在这种情形下，很多当地地痞流氓加入进来，这些“不逞之徒”狗仗人势，纪律涣散，穷凶极恶，横行乡里，让清政府官民深感头疼，深恶痛绝。

据日本《国民新闻》所载，“马贼头目亦分亲俄亲日两派”，“亲俄派则有李品三为俄国大通事，其部下有巡捕队二百余人”。另外，还有刘永清、周福程、李德等，他们“常为俄国修筑炮台，开挖壕堑，且为之侦察，捕获间谍”，现

1　所谓华队即由沙俄招募我东三省华民组成的军队，为俄效力。由于华队隶属俄军，其所犯暴行也应归为俄军所犯战争暴行。

2　《周士藻给增祺禀》（光绪三十年七月初三日），辽宁省档案馆编：《日俄战争档案史料》，辽宁古籍出版社，1995 年，第 168 页。

今这些“马贼头目，横行东省”。[1]事实上，沙俄占领满洲后，所施行的管理极其宽松，“不足以慑服马贼”，“故马贼白昼杀人，横行掠财”。[2]1904 年 3 月 2 日，俄员扎连巴带华队二百余名至新民府处，“不住寓所，竟将居民阎永富、戴珍芳、商广天等各家全行逐出占据，以致老幼哭诉无门”。华匪们向受害民众勒索天价钱财，“即使民皆败产倾家，亦不足供此巨费也”。[3]

1904 年 5 月 9 日，日俄在旅顺接战后，俄驻此华队尚未撤去，“日本尚未及此，铁路临近之民纷纷西逃”，俄华队与“盗贼、土匪乘时遍地盛起，大肆抢掠，民不聊生”。[4]1904 年 7 月 21 日，有“步贼四五十人，各持快枪，闯入保内，到保长刘德新家搜枪、衣饰、银钱等物，并将刘德新、刘德山兄弟绑去勒赎”。[5]另外，还有很多通事（即翻译）带领俄队，到处寻衅滋事。“通事恃势凶横，滋扰地方”“乡民实不堪

1　《论满洲马贼与日俄之关系》（明治三十八年四月二十四日），张元济主编：《〈外交报〉汇编》，第 4 册，国家图书馆出版社，2009 年，第 103—104 页。

2　《论满洲马贼与日俄之关系》（明治三十八年四月二十四日），张元济主编：《〈外交报〉汇编》，第 4 册，国家图书馆出版社，2009 年，第 101 页。

3　《增祺为新民府报称俄队驱逐商民占其房屋等事给奉天交涉总局移》（光绪三十年正月十九日），辽宁省档案馆编：《日俄战争档案史料》，辽宁古籍出版社，1995 年，第 298 页。

4　《署复州城守尉关防事务协领高万梅为报日俄临境盗匪肆起各情事给盛京将军禀文》（光绪三十年三月二十四日），中国边疆史地研究中心、辽宁省档案馆合编：《东北边疆档案资料选辑》，第 5 册，广西师范大学出版社，2007 年，第 67 页。

5　《署怀仁县知县刘朝钧为辽匪入境请饬兵剿办事给盛京将军禀文》（光绪三十年六月初九日），中国边疆史地研究中心、辽宁省档案馆合编：《东北边疆档案资料选辑》，第 5 册，广西师范大学出版社，2007 年，第 250 页。

其扰”。[1]华队为害作恶侵害东北国民权益现象，在当时很普遍。

从国际公法来看，“中立国人民只要是单个的而不是成团体的投效交战国作战，这样投效的中立国人民并不能算违反国际法”。[2]俄军招募的华队成员，大多是被俄军所谓“重饷”诱惑，而且普遍是单个华民参与组队，并非成团体的投效，这样，华队在公法上是为允许，而不能认作是中立国民偏向某一方，从而丧失中立立场。但是，从清朝国内法来看，清政府颁布的《日俄战争中国严守局外中立条规》（下称《中立条规》）有“本国民人不得干预战事暨往充兵役”的规定，[3]所以，参与战事活动的华队人员违反了国内法，是非法的。依据国际法所规定的“国际战争罪”的概念，战争罪的主体施行者，既包括“违反公认的作战规则而犯罪”，更包括“违反犯罪者本国法而做的破坏国际法的行为”。据此标准，华队人员虽然身份是清政府国民，但是他们违反了清政府国内法《中立条规》，对战境无辜华民实施了攻击或杀害，或无正当理由而占取或破坏他们的私有财产，特别是抢劫，这同样构成了国际法所称的战争罪，清政府可据此对其实施惩处或禁止行为。

对于猖獗的俄军华队，清政府曾组织了各种捕务队进行

1　《增祺致俄廓米萨尔照会》（光绪三十年正月二十二日），辽宁省档案馆编：《日俄战争档案史料》，辽宁古籍出版社，1995 年，第 294 页。

2　［英］劳特派特修订，王铁崖、陈体强译：《奥本海国际法》下卷，第二分册，商务印书馆，1989 年，第 176 页。

3　《日俄战争中国严守局外中立条规》（光绪二十九年十二月二十七日），王彦威纂辑、王亮编：《清季外交史料》，卷 181，书目文献出版社，1987 年，第 20 页。

围剿，但“日俄现正开战，俄人诸多疑忌，遇我兵队辄收枪械，以致捕务队万分棘手，贼匪肆无忌惮，伏莽群起，到处骚然”。[1] 驻俄公使胡惟德感叹谓：“良民既苦匪患，复罹兵祸，岂文明大国所忍。为从前匪无军器，民有枪械自卫，经俄官招致匪徒，给军器，民间枪械抢掠一空，纵匪害民，肆其凄惨。”[2] 俄军华队在俄纵容下，成为严重危害清政府国民权益的一股逆流。

1 《盛京将军增祺为盗首双如意等股匪帮人勒赎抢夺财物牲畜等事给达尔罕王旗文》（光绪三十年十一月初十日），中国边疆史地研究中心、辽宁省档案馆合编：《东北边疆档案资料选辑》，第 6 册，广西师范大学出版社，2007 年，第 121 页。

2 《收出使俄国胡惟德大臣电：为胡匪扰民事》（光绪三十年四月二十六日），中国第一历史档案馆编：《清代军机处电报档汇编》，第 39 册，中国人民大学出版社，2005 年，第 279 页。

第三节 日军违反战争法规的暴行

日俄战争期间日军违反战争法规的暴行与俄军相比有过之而无不及。日方犯罪的主体力量也分为两种，即日军及其所招募的华队。华队为匪，抢掠滋扰，荼毒百姓；日军为寇，肆意攻击，无端杀戮。面对俄军肆虐，清政府已经无力制止，再加上日军无恶不作，东北国民的处境更是雪上加霜。

一、 肆意攻击，无端杀戮

1904 年 9 月 3 日，辽阳地方官上报奉天府尹廷杰、盛京将军增祺，称："日军疑城内礼拜寺为敌房，施放百余炮，亡商民五百余人，伤千余人，现在该军尚有附城屯扎者，有歇兵两礼拜再进攻之说。"[1] 日军只是怀疑辽阳城中的礼拜寺是"敌房"，就悍然施行炮击。根据国际公法，日军的行为既有违人道主义宗旨，更违反了国际法的战争法规，构成战争罪。

国际法有关战争法规的规定中有"敌性"之说，是否具有"敌性"是交战国攻击行为是否正义的关键。国际法规定，

1 《收盛京将军增祺、奉天府尹廷杰电：为日军炮伤中国商民事》（光绪三十年八月初四日），中国第一历史档案馆编：《清代军机处电报档汇编》，第 40 册，中国人民大学出版社，2005 年，第 4 页。

“敌国之民皆有敌性，而中立国之人民则否”[1]“故战国可以用种种方法破坏敌人之生命财产”，但需尊重中立国民的生命财产安全。案件中，日本仅仅怀疑几间民房被敌国所用，便施行炮击，完全无理。辽阳城是中立区，其居民并不具有法理上的“敌性”。虽然国际公法中也有“中立人民可因种种关系而取得敌性”的说法，[2]但是这种“敌性”的取得是以违反中立或构成对战国的威胁为前提的，事实证明，辽阳当地一千多居民没有任何违反中立的行为，日军无端炮击，于理不通，于法无据，是日军藐视国际公法权威，践踏战争法规的战争犯罪。战事期间，日军此类暴行数不胜数。

日军侵权较严重的案件还包括随意拘禁清政府官员，而且屡禁不止。1905年2月11日，辽阳知州陈良杰禀报称：“日军于上年十二月初三、初八、十二、二十一、二十二等日，先后挐(原文为“拏”字,字义不符。以下同字均改为“挐”。——编者注)去该州兵弁、书役、家人、幕友等不下二十名，拷逼奸细、口供，逼令供认州官系为俄坐探，二十三日派兵五六名至署,阳为保护阴为看管等情。”[3]12日,日员再以“西将军在彼有应问公事，须至青泥洼一行”为借口，强硬把知州陈良杰带去扣押。[4]这起事件的性质是十分严重的，日军直接扣押清政府官员，其办公人员甚至家人全遭逮捕，鉴于

1　奥本海:《奥本海国际法——战争与中立》,商务印书馆,1934年,第98页。

2　奥本海:《奥本海国际法——战争与中立》,商务印书馆,1934年,第98页。

3　《收盛京将军增祺、奉天府尹廷杰电:为日军拿问辽阳州兵弁家人等事》(光绪三十一年正月初八日)，中国第一历史档案馆编:《清代军机处电报档汇编》，第40册，中国人民大学出版社，2005年，第210页。

4　《收盛京将军增祺、奉天府尹廷杰电:为日军拿问辽阳州兵弁家人等事》(光绪三十一年正月初九日)，中国第一历史档案馆编:《清代军机处电报档汇编》，第40册，中国人民大学出版社，2005年，第210页。

被逮捕人员的身份和人数，这起事件在整个日俄战争期间发生的诸多拘禁华官案件中，都属罕见。

其后，清政府派员向日诘查，日方回复称："该州署交通俄军，泄日军情。"然而，"当又诘以交涉须有切实凭据，请查明见示"，却未见回复。[1]2月14日，清外务部致电日本驻华公使内田康哉，指出"战地在中立国境内，凡在战地之中立官，其管辖之权，仍在中立政府，不应由战国逼令擅离职所，旷其地方职守"，要求"日军官尽速释放"清政府官员。[2]可是日本无动于衷，也未作回复。事件逐渐发酵，引起朝野极大关注。清政府官员多数人认为，日俄构衅，现今"州牧竟被战国看管，不惟事关国体，而地方无人治理，商民不无惊惶"，多请"尽速与日使设法磋商，以安人心"。[3]时任代理盛京将军廷杰等更是怒言，今"日人以疑似之情，拘挐华官，擅置重典，闻被挐之员，皆非刑拷问，不容分辩，待官如此""可否责问日使查办，或令出使该国之大臣责问该国政府，遇有华人交还自办，抑如何设法以归我主权"。[4]为此，清政府特派官员赴日军中交涉。日方回复称："该署内人丁有十名供证，州官受俄资六千金，分遣多人窥探日军

1 《收北洋大臣袁世凯电：为日军扣押辽阳州牧事》（光绪三十一年正月十一日），中国第一历史档案馆编：《清代军机处电报档汇编》，第40册，中国人民大学出版社，2005年，第212页。

2 《袁世凯致增祺、廷杰电》（光绪三十一年正月十一日），辽宁省档案馆编：《日俄战争档案史料》，辽宁古籍出版社，1995年，第201页。

3 《增祺、廷杰致外务部、袁世凯函》（光绪三十一年正月十三日），辽宁省档案馆编：《日俄战争档案史料》，辽宁古籍出版社，1995年，第201页。

4 《收署盛京将军廷杰奉天府尹增韫电：为办理日员扣留康平县令案事》（光绪三十一年六月二十五日），中国第一历史档案馆编：《清代军机处电报档汇编》，第40册，中国人民大学出版社，2005年，第356—357页。

防守情形，按照军律，应处以极刑。”[1]事已至此，如果按照日方所说来处理，对清政府权威将是极大的损害。清政府后来多次派员交涉，也运用国际公法，指出日军扣押中立国官员的错误之处，并一一列出案件的存疑之处。后来，又经过多方交涉，日本才以“兹经中国诘商应尊主权，姑令回署，仍派人监察”为说辞，释放被捕的清政府官员等人。（考辽阳知州陈良杰被日军扣押案，还是有几点待商榷。根据《光绪实录》五百四十四卷的记载，“光绪三十一年，乙巳，夏四月……以违背中立，干预战事，革奉天知县陈良杰职”。案发时，陈良杰原系辽阳知州，此时已降为奉天知县。为什么降职？各种史料都语焉不详。光绪三十一年四月，陈良杰以“违背中立，干预战事”被清政府革职。表面看，是清政府自己打脸，认可陈良杰有破坏中立的行为，但有更大可能是清政府为了解决这桩久拖不决的案子，主动给日本台阶下，以革职陈良杰换取日军放人结案。然而颇为诡异的是，此案结束108年后，2013年7月2日，“日俄战争与中国的命运——1904–1905 法兰西画刊绘画精选展”在北京举行，展出了中国台湾收藏家秦风提供的法国《Le Petit Journal》画刊为当时的日俄战争所做的专刊，其中有一幅题为“日军指控中国官员为俄国间谍并加以处决”，画面是日本军人对两名中国装束的人实施斩刑。有些媒体在对这幅图进行解释报道时，有“无辜的中国百姓不断被以莫须有的罪名送上刑场，其中甚至包括辽阳的知州陈良杰，在辽阳会战结束两个月后，还被

1　《收北洋大臣袁世凯电：为辽阳州牧被拘案事》（光绪三十一年正月二十五日），中国第一历史档案馆编：《清代军机处电报档汇编》，第 40 册，中国人民大学出版社，2005 年，第 225 页。

日军以涉嫌资助俄军的罪名处死”的说法。此说不知所从何据。日俄战争辽阳会战结束于1904年9月，两个月后就是11月，三个多月后陈良杰被日军非法扣押案才发生，而根据《光绪实录》，陈良杰在第二年的4月被从奉天县令任上革职，所以其在辽阳会战后两个月被日军处决的说法不准确。——编者注）

详查此次双方的交涉公文，该案件存在很多疑点。其一，日方是以清政府官员与俄军存在勾结，泄露日军布防情况为说辞，逮捕知州陈良杰等一干人。清政府交涉时要求日方出示证据，日方却拿不出来，仅仅出示被关押的二十余人中，有10人亲口承认华官接受俄军好处，助其探听消息。须知，案件审理中有“孤证不立”的说法，单凭一份口供便定罪，且是人命关天的事情，并不能令人信服。更何况，当时被日传带过去的二十余人等，“风闻张永清等前敌日员匪刑拷打，逼勒奸细口供，奄奄待毙”。[1]日军所获得的口供有“刑讯逼供”之嫌，可信度必须打很大折扣。其二，从案件审理的时间看来，案件从光绪三十年十二月初三日持续至光绪三十一年四月十四日，耗时近半年，所取得的证据仅是上述一份难经推敲的口供，正说明日方穷极了各种手段也没能找到更可信的证据。

况且从国际公法来看，中立国国民如果有私助另一交战国的事情，也应当由中立国执法机关实行抓捕、鞫审，交战国仅能参与会审或建议处以何种刑罚。现在日军直接实施逮捕、讯问，且株连家人，已经违背国际公法中有关中立国权

1　《辽阳州知州陈良杰给增祺禀》（光绪三十年十二月二十六日），辽宁省档案馆编：《日俄战争档案史料》，辽宁古籍出版社，1995年，第200页。

利的规定，是对公法权威的严重亵渎。退而言之，根据国际法，每一国家都有在自己属地的最高管辖权，他国必须尊重。[1]日军没有尊重大清的司法权，这当然也是违法行为。

经此事件后，日军非法拘禁战地内清政府官员的案件仍时有发生，交涉结果也很无奈，大多以清方屈服认栽告终。后来，随着战争进程的变化，日军居然在东北战境堂而皇之地干预和阻挠清政府官员的日常工作，例如，1905 年 3 月 3 日，“日军政官木村等带兵二十余名，闯入（海城）县署，把守各处门槛，翻箱匣，因无私物，将友人来往信件携去，并将职兄、幕友、家丁、总役一并带赴军政署，仍派兵看守”，称“一二日将信阅毕再计”“据称并无干涉日军之件，可归无事”。[2]日军的行为，已经没有任何法理可言，但清政府无力反击，自诩“天朝”的大清国遭此屈辱，殊甚可悲。

官员尚且如此，普通中国人遭受日军欺压和侵害的事情就更多了。“日兵占房拆屋，砍树号草，盘诘留难，以及贱价强买车马食物等事，在所难免”，商民实已“遭蹂躏危险之中”[3]“传闻日人围攻辽阳一役，本地居民死于战火者不下数千人，至于自春至冬，丧失财产、留难转徙者，殆已亿

1 [英]劳特派特修订，王铁崖、陈体强译：《奥本海国际法》下卷，第二分册，商务印书馆，1989 年，第 165 页。

2 《收盛京将军增祺、奉天府尹廷杰电：为日军闯入海城县署事》（光绪三十一年正月二十八日），中国第一历史档案馆编：《清代军机处电报档汇编》，第 40 册，中国人民大学出版社，2005 年，第 230 页。

3 《昌图府知府祥瑞为报与日人交涉不激不随及日员大山出入境日期给奉天交涉总局禀》（光绪三十一年八月三十日），辽宁省档案馆编：《日俄战争档案史料》，辽宁古籍出版社，1995 年，第 211 页。

万”[1]“彼军所到村庄，驱逐人民，抛弃禾稼，牲畜、财产荡然一空，甚至乡无一人，院无一室，徒存闾里之名”。[2]

二、招募华匪，抢掠滋扰

日军在华原本不设华队，后来随着俄军所设华队增多，日军为应对也广募东北当地华人，组队对抗俄军。日军所设置的华队，既违反中国国内法，其参与战事的行为也违背国际公法，构成了战争罪。

1904年5月24日，据地方统巡胡提督咨文称，23日“南路突来马步队七八十名，俱各执快枪，声称是金寿山（日所招华队匪首）所招之队”“该股匪等在四堡子左右，有勒抓车辆，抢劫行人情事”。清政府地方官员即派兵前往防堵，但奈何金寿山部众分散各处，彼此纷扰，使得清政府兵员难以兼顾。现在“地方吃紧，且各处土匪亦皆乘机四起”，担忧局势难控，希望清政府派兵来支援。[1]

类似地方官员因华匪劫掠，请求清政府派兵围剿的电文有很多。清政府不胜其扰，剿之，匪队有随从日员，容易挑起外交衅端；不剿，作为其子民的东北国民遭此横祸，清政府怎能置之不理。就如镇安知县马祚恺给时任盛京将军增祺

1　《使義许钰奏日俄构兵不解亟应预筹东省主权摺》（光绪三十年十月二十六日），王彦威纂辑、王亮编：《清季外交史料》，卷186，书目文献出版社，1987年，第11页。

2　《金州协领英麟等给增祺禀》（光绪三十一年二月十二日），辽宁省档案馆编：《日俄战争档案史料》，辽宁古籍出版社，1995年，第217页。

1　《督辕营务处为广宁义州交界有金寿山等所招匪队串扰已分调各队防堵事给盛京将军增祺呈文》（光绪三十年四月二十六日），中国边疆史地研究中心、辽宁省档案馆合编：《东北边疆档案资料选辑》，第5册，广西师范大学出版社，2007年，第166页。

的密禀所称，7月9日，“独有金匪一股，始则率伙三百余名，复入县界之荒山自等处驻扎”，“明察暗访，该匪等居心叵测，诡诈多端，竟以随从之日人四、五名为护身之符。若主意剿捕，难保不恃众拒捕”“一经彼此攻击，倘于日人无事，尚不免挟制要求，适使伤毙其命，祸害何堪设想”。[1]

清政府怕酿成外交风波，对于这种有随从日人的华队，难以处理。如何解决之，清政府的具体操作环节是，遇到华匪扰民，清政府官员先进行甄别。如果是普通匪徒，清军将派兵围剿。如果是日军所支持的华队，清政府便会再三斟酌。正如知县马祚恺给增祺的禀文所称，“县属之白土厂门，有金寿山代日招队。距镇六十里之广界四堡子，有巨盗杜立山、冯麟阁等”，均代日本招兵。“卑职伏查各该匪等系积年巨盗，作案多端……今敢明目张胆纠伙盘踞，本应立时剿捕，以正典刑”，但又“值此时事艰难，交涉重大，更宜缜密，一经鲁莽行事，后患不堪设想”“恐致激成巨祸”。[2]在这样的顾虑下，清政府不敢放手剿捕华队。只有饬令当地官员，“总须恪抱中立宗旨，以免责言，是为最要。至匪队日久盘踞，殊于地方不便”，尤须辨明“是否假冒”加意防范。“如实系假冒，即可会营剿捕”，今后“匪类抢掠案件，查系假冒日队，应即准其拿获送县惩办”，再“照会日使查照”。[3]可见，苦于实力不足的清政府，想对日军华队下手，但总是

1 《马祚恺给增祺密禀》(光绪三十年六月二十一日)，辽宁省档案馆编:《日俄战争档案史料》，辽宁古籍出版社，1995年，第164页。

2 《马祚恺给增祺禀》(光绪三十年四月十五日)，辽宁省档案馆编:《日俄战争档案史料》，辽宁古籍出版社，1995年，第156—157页。

3 《周士藻给增祺禀》(光绪三十年七月初三日)，辽宁省档案馆编:《日俄战争档案史料》，辽宁古籍出版社，1995年，第168页。

投鼠忌器。

有心无力、畏首畏尾的清政府始终未能采取强力行动，致使日军华队侵害东北国民权益的行为愈发猖獗。1904 年 5 月 10 日，海城县巡更长陈龄九向知县王顺存禀报，其辖内三处保甲局“被股匪杜立山将枪械抄掠，并缚去练长三人，渡河而逃”“哨官姜海峰被伐毙”。在王顺存给时任盛京将军增祺的禀文中，还报告了日军华队竟还敢对清政府兵员进行武力袭击，“抄掠各局，伐杀营兵，实属异常凶暴”。[1] 1904 年 8 月 3 日，盛京将军督辕营务处（官署名，清末督、抚多增募军队，因设营务处，以道、府文官充任总办、会办等，负责军营行政。——编者注）在致增祺的呈文中汇报说，“贼首滕开方、张彪子等纠集党羽二百余人，各持快枪，声称投降日军”并编入华队，这帮匪徒以此倚为护身符，到处“捐抢钱财马匹等物”。后来，该华队与清政府官兵发生正面武装冲突，“贼众（我）兵单，难以取胜”“匪益逞其凶，大肆抢掠，并将萧家炉一带民房烧毁多间”。[2] 诸如此类的案件非常多。日军为了让华队很快形成战斗力，一般招募的是那些清政府平时很难抓到的悍匪，派给他们枪支，令其随从作战。至于给养，则令其自行解决。在日军的庇护下，这些华队经常劫掠村庄，封锁交通要道，导致东北商事疲敝，民不聊生。

1　《海城县知县王顺存为贼匪杜立山复回辽阳界抄掠滋扰事给盛京将军增祺禀文》（光绪三十年三月二十八日），中国边疆史地研究中心、辽宁省档案馆合编:《东北边疆档案资料选辑》，第 5 册，广西师范大学出版社，2007 年，第 74 页。

2　《督辕营务处为贼首滕开方在盖平所属地方肆行抢扰派队剿捕事给盛京将军增祺呈文》（光绪三十年七月十八日），中国边疆史地研究中心、辽宁省档案馆合编:《东北边疆档案资料选辑》，第 5 册，广西师范大学出版社，2007 年，第 377 页。

根据相关法律规定，交战国在中立国境内私自招募中立国民参与战事的做法是违反清政府的国内法的。而依照国际公法，此举已构成对中立国的战争行为。[1]国际法规定，交战国对中立国的战争行为，需承担由中立国采取一切报复行为的后果，或必须因这种战争行为给予补偿。[2]但现实是清政府根本没有能力对日军采取反制行动，如康平候补知县张青云在给增祺的密禀中说，“境内日华队，尚无劫掠情事”，但“万一有劫掠情事，卑邑地旷兵单，听不能听，剿不能剿”，惟“派妥人前往开导，晓以利害，令其择日远飏”。[3]事发时，清政府地方官员只能抱着息事宁人的态度，对华匪晓以利害，劝其离开。所以，总结而言，这个时候的情势就是三句话：政府积弱不堪，华匪侵扰愈繁，百姓苦不堪言。

1　[英]劳特派特修订，王铁崖、陈体强译：《奥本海国际法》下卷，第二分册，商务印书馆，1989年，第174页。

2　[英]劳特派特修订，王铁崖、陈体强译：《奥本海国际法》下卷，第二分册，商务印书馆，1989年，第174页。

3　《康平候补知县张青云给增祺密禀》（光绪三十年五月），辽宁省档案馆编：《日俄战争档案史料》，辽宁古籍出版社，1995年，第160—161页。

第四节　日俄两军战争暴行的比较

日俄两军均属侵权方，所犯的战争暴行性质是一样的。但就具体而言，两军所犯战争暴行还是有区别的。通过对此进行比较，可以让我们更深入地了解两军暴行背后的深层原因。

首先，日军开始施暴的时间与俄军稍有不同，日军比俄军要晚。日军在日俄开战前，利用沙俄侵夺中国东三省之机，打着“东亚同文同种”的口号，对中国采取欺骗的外交手段，并且结合各种策略，骗取中国人的好感。[1]为获得中国百姓的帮助，日本在战争初期，尚能维持军纪。

1904 年 2 月 11 日，驻韩大臣许台身向清外务部禀称，日俄自从在韩帝国仁川开战以来，“风声日紧”“商民恐遭蹂躏，极为惶惧，咸怀归志”。此时，日本“布告保全各国民人”，而且现实上“日兵入汉（韩）以来，秋毫无犯，各国及我商民均尚安谧，无扰乱之虑”。[2]日军还表示尊重海

1　参见刘永祥:《试论日俄战争中日本对华谋略》,《社会科学辑刊》, 1996 年，第 4 期。

2　《收驻韩大臣信一件：商民恳派船来籍备缓急又日本布告保全商民应否告日使到谢由》（光绪三十年正月十六日），孙学雷、刘家平主编：《国家图书馆藏清代孤本外交档案》，第 38 册，全国图书馆文献缩微复制中心，2005 年，第 16117—16118 页。

外华民的权益。

日本虚情假意的“与华为善”充分体现了日本欲对中国东北实施兼并和同化的狼子野心。在日军进入中国前，日本《同文滬报》（这里的“滬”字疑为“瀘”字。《同文沪报》是日本人在上海办的中文报纸，由日本东亚同文会收购上海《字林沪报》改组而成，曾接受日本外务省津贴，后取消。1908 年下半年因营业不佳停办。——编者注）大肆宣传：“中日为同洲同种同文之国，形势唇齿”“见中国之贫弱不振，而西势东渐，恐不免于覆亡也，辄恒欲有以扶助之襄助之，使之转贫为富”。[1] 日本极力示以好意，希望获得中国官民的帮助。日本武官西卿秀吉也曾致函增祺说：“京中王大臣以及直隶总督、提督均迎弟欢语，许以暗中帮助。”[2] 暗示增祺应在东北战场予以日军同样的“暗中帮助”。日本外交上种种示好的表态，日军初入东北而采取的“克制”姿态，与俄军形成了鲜明的对比，“俄兵于我乡焚烧抢掠，无有忌惮，奸劫凌侮非所禁止，视之日军纪律森严，秋毫无犯”。[3] 其结果是，日军这种极具欺骗性的行为赢得了部分中国人的支持，认为“日本我友邦也，慨然仗义执言”，固宜“资其粮械，假给衣物，务使其行走飞越”。随着战争进程的深入，日军的强盗本性开始暴露，他们不仅招募华匪参战，而且支持其到处抢劫掠夺。日军自身也罔顾国际公法，恣意妄为，

1 《论中日之交》（光绪二十九年十月初一日），国家图书馆分馆编：《清末时事采新汇选》，第 7 册，北京图书馆出版社，1997 年，第 3720 页。

2 《义州知州瑞安给增祺禀》（光绪三十年四月十六日），辽宁省档案馆编：《日俄战争档案史料》，辽宁古籍出版社，1995 年，第 158 页。

3 《满洲义军统带官门首檄文一则》，通化市政协文史学习委员会编：《东边道经济开发史略》，通化师范学院印刷厂，1998 年，98 页。

大肆掳掠，其形象轰然崩塌。

其次，俄军侵害清政府东北国民权益的方式较日军更为粗暴。例如，两军都存在从东北民众手里强行压价贱买粮草的行为，但从案件发生的频率及惯例看，俄军更多动用武力直接勒索，如相关史料显示说，“俄国陆军缺少粮食为不可蔽之事实，闻每人每日所需之粮食，其五分之二由俄官拨给，但因不敷所需，故亦时常听其部下肆行掠夺”。[1]俄国远东总督阿列克塞耶夫曾颁布命令，要求“华民承办军务差使，如不从命，即派兵剿捕”“所有在满洲之中国人，均应帮助俄军，以防日兵。若不听从命，严罚不贷”。[2]在此命令下，俄军的掠抢行为极为猖獗。1904 年 4 月 16 日，“俄军在新民府八角台搜寻大麦二十石，强买白面三千斤，勒买回民耕牛六头。在桑林一带抢掠耕牛四十头”。另外，1905 年 3 月 9 日，“退入抚顺的俄军，纵火焚烧粮草，延烧民房三处，又乘机将大小商铺抢掠一空”。10 日，“退至奉天小北门的俄军，放火烧毁八王祠（大法寺），造成损失约银六百三十余万两”。[3]俄军的抢掠行为，粗暴直接，稍不如意，即武力强取，毫无公理可言。

最后，日军对清政府国家主权的挑战较俄军严重得多，这表现在对清政府官员的肆意拘禁和凌辱。日俄战争期间，日俄两军都有非法拘禁清政府官员的行为，但日军犯案次数

1　《日本防务杂记》（1904 年 4 月 10 日），《东方杂志》，1904 年，第 1 卷第 2 期，第 112 页。

2　《东方杂志》1904 年，第 2 期，第 96 页，引自：穆景元、郑学元编著：《国殇——从甲午战争至甲辰战争》，中央民族大学出版社，1997 年，第 167 页。

3　李鸿文、张本政主编：《东北大事记（1840—1949）》上卷，吉林文史出版社，1987 年，第 312 页，第 319 页。

比俄军多，而且性质更为严重。据北洋大臣袁世凯给军机处的奏报中说，1905 年 2 月，日军逮捕了辽阳知州陈良杰。1905 年 6 月，“日军拘捕康平县总巡穆克图善，并于七月三十一日被日军杀害”。1905 年 7 月，日军悍然在辽阳、海城、金州等地设民政局，管理当地清政府平民，并于“7 月 8 日拘捕康平县知县殷寿鸿”。日军还在“8 月 15 日对奉省开原五位中国官员实施拘禁”。[1]

根据国际公法，日军的行为是不当且非法。有关中立国权利和义务的规定中，交战国必须尊重中立国的国家主权，中立国的国家机构人员也是国家政体一部分，交战国不能随意抓捕，如北洋大臣袁世凯所言：“战地既在中立国境内，凡在战地之中立官员及在官人等，无论犯有何项事，应有中立政宪自行查明惩处，不应由战国任意拘去。”[2]若有违反中立情事，也须知会中立国通过外交途径解决。案件中，日军屡以华官涉嫌“交通沙俄”，提供日军驻防情事，有违中立为借口施行抓捕。虽然国际法中有“每一交战国有权因破坏封锁、运载禁制物及作非中立役务等行为而惩罚中立国人民”的规定。[3]但是，中立国官员并非普通中立国人民，其代表的是国家身份，交战国没有任何理由加以逮捕。更何况，日方所抓捕的清政府官员是否助俄，仍然存疑。即使中立国

1　李鸿文、张本政主编：《东北大事记（1840—1949）》上卷，吉林文史出版社，1987 年，第 321—323 页。

2　《收北洋大臣袁世凯电：为照日俄使释放被拘事》（光绪三十一年六月十三日），中国第一历史档案馆编：《清代军机处电报档汇编》，第 40 册，中国人民大学出版社，2005 年，第 352 页。

3　[英] 劳特派特修订，王铁崖、陈体强译：《奥本海国际法》下卷，第二分册，商务印书馆，1989 年，第 164 页。

官员的确有违反中立事宜，也只能依中立国法规由中立国加以审判。由此可见，日军的行为表面上是对中立国人相助敌国进行惩处，而实际上是故意借此挑战清政府的治辖权，为日后鸠占鹊巢，对东北地区实施全面侵略和治辖进行试探和准备。对清政府来说，荡然无存的不只是国家尊严，其以行政治辖权为代表的中国国家主权也已是岌岌可危。

为维护自身和国民的权益，清政府曾采取过相当多的努力，也获得了部分的成功，我们将在后文中对此进行探讨。

第三章

清政府保护战境国民权益的努力

日俄战争期间，清政府勉力保护战境华民权益的课题，过去学界少有人关注。即使有一些研究，也远未系统和翔实。就事而论，日俄兵燹所至，东北生灵涂炭，为了尽可能保护自己的臣民，清政府采取了许多措施，涵括战前预防、战争期间交涉、救济以及战后索赔等方面，还是比较全面的，并非毫无作为。

第一节 从传统国际法理辨析清政府维权交涉的合法性

《万国公法》云："诸国自有之原权，莫要于自护。"[1]自护权是国家最重要的权利，它既包括对国家领土等物权的保护，也包括对国家人民生命及财产的保护。国家保护本国民人身财产安全是国家的义务。所谓"国之所以为国者，即因其为自主，而有义之当守，有权之可行"。当人民组成一个独立国家，这个国家便被赋予独立的主权，既包括自身生存、发展的权利，更包括保护本国人民的义务。这些要求"皆出公议"[2]，非人之所授，"盖为上帝所定，以令世人遵守"。这表达了国家保护本国人民人身财产安全，是被传统国际公法所承认的。关于国家自护权的观点，一直延续至今。

1904 年日俄战争在中国东北爆发，囿于实力所限的清政府，希冀通过宣示"局外中立"避免更多国家利权的损失。作为中立国的清政府为维护东北国民权益，曾做出多方努力，但还是不能免使本国国民权益遭受交战国的侵害。从国际公法来看，清政府维护本国国民权益，这是一个独立主权国家的正义之举，既符合国际法，更符合国际公理。日俄衅端一开，

1 ［美］惠顿著、［美］丁韪良译，何勤华点校：《万国公法》，中国政法大学出版社，2003 年，第 57 页。

2 ［美］惠顿著、［美］丁韪良译，何勤华点校：《万国公法》，中国政法大学出版社，2003 年，第 9 页，第 7 页。

对战区内的中立国民施以各种暴行，这样的行为无论日俄怎么辩解都无法改变其非法的性质。即使在传统国际法时代，认同战争可以作为解决国际争端的合法方式，[1]但“战争实受国际法之节制，而与国际法并不冲突”。[2]正如《公法会通》所云：“古时敌人无权利之说，为今之公法所耻，盖与天理人情有所不合也”，另外，“古人谓遇战而筹制敌之策，无不可为之事，此说亦为有化之国所耻，盖邦国虽暂失和，仍不失其为人也，故非例之战为公法所严禁”。[3]所以，日俄两军违反国际法所规定的战争法规，对清政府东北无辜国民屡施暴行，这是受到绝对禁止的战争犯罪行为。

国际法制定战争法规的目的是为了限制战争行为，“若谓彼国负义而不待以战例，即交战之残，无以节之”。[4]“盖公法最有益于人道”，[5]故“乃设为规条，使于战争之中仍寓仁义之意”。[6]但是，必须特别指出的是，如果交战国有违背战争法的行为，传统国际公法并没有规定对其作出何种惩罚，仅仅表明如果交战国行为不符合公法，那么另一交战国对其采取的一切报复行为都是适宜的。传统国际公法只会提供道义上的谴责及法理的批判。按照此规定，日俄战争中

---

1 ［美］惠顿著、［美］丁韪良译，何勤华点校：《万国公法》，中国政法大学出版社，2003 年，第 180 页。

2 奥本海：《奥本海国际法——战争与中立》，商务印书馆，1934 年，第 56 页。

3 ［德］步伦撰、［美］丁韪良译：《公法会通》，卷 7—8，光绪二十四年刻本，第 7 页。

4 ［德］步伦撰、［美］丁韪良译：《公法会通》，卷 7—8，光绪二十四年刻本，第 3 页。

5 《公法会通·万物草堂遗稿外编》，康有为撰，姜义华、张荣华编：《康有为全集（增订本）》，第一集，中国人民大学出版社，2007 年，第 161 页。

6 ［美］丁韪良译：《公法便览》，卷 3，光绪三年刻本，第 1 页。

两军所犯的战争暴行，国际公法并不能将其作为受害方来进行索赔的依据。但是，国际法“并无规定这种补偿的规则”只是针对交战双方而言，[1]不代表说交战国对中立国造成损失而中立国不能索赔。国际中立公法规定，“被害一方可以要求行为者赔偿，如果这个要求被拒绝，可以采取它所认为充分的措施以索取必要的赔偿”。[2]日俄战争中，日俄两军违反清政府颁布的《中立条规》，对东北国民制造了大量的战争暴行，清政府合理提出索赔要求是完全正当的，并可以采取一切强制措施以达到目的。

另外，关于清政府所宣示的“局外中立”仍须从国际法理加以诠释。清政府的中立行为与国际法规定的一般中立国不同，清政府的“局外中立”有其特殊性。《万国公法》认为，“凡自主之国，遇他国交战，若无盟约限制，即可置身事外，不与其事。”[3]一般而言，宣示中立都是一个国家将本国所有领土宣布为中立区，交战国不得侵犯。但清政府的情况却是主动划出国家部分领土为战区，供战国作交战之用，在整个国际法历史上也从未有过先例。面对这前所未有之事，各列强的选择是承认清政府的中立国地位。既然得到国际社会以及交战国的承认，清政府的中立地位就具备了法理意义。只是，须加以特别注意的是划出东三省作为战区的问题，即中立国的部分领土充当战区的相关国际法问题。按照国际公

1　[英]劳特派特修订，王铁崖、陈体强译：《奥本海国际法》下卷，第二分册，商务印书馆，1989年，第102页。

2　[英]劳特派特修订，王铁崖、陈体强译：《奥本海国际法》下卷，第二分册，商务印书馆，1989年，第230页。

3　[美]惠顿著、[美]丁韪良译，何勤华点校：《万国公法》，中国政法大学出版社，2003年，第222页。

法来看，中立国领土应该不在战区之内，但也有例外，一个中立国有意或缺乏足够实力而未能阻止交战国将其部分领土变为战区，这在传统国际法中是予以承认的。[1]清政府囿于实力有限，无力使东三省摆脱沙俄的侵占，而日本又认为满洲是其“利益线”，所以进行干涉，东三省由是成为战区，清政府被迫加以承认，这在崇尚强权的传统国际公法看来是合法的。

中立国境内设置战区并不妨碍中立国的中立地位，而且国际法仍然规定中立战区也需履行中立国所应尽的一切义务。[2]但在中立战区，交战国已不能拥有像占领敌国领土一样，拥有广泛的权利，尤其不能索取或没收属于中立战区人民的财产，更别说侵犯中立战区人民的人身权。如果有侵犯中立国人民及财产安全的案件，中立国可以在战后对肇事者进行索赔。这再次表明清政府在日俄战时和战后对两国进行战害索赔交涉是有其法理基础的，是完全合法的、正义的。但正如我们现在看到的那样，清政府履行国家自护权的责任向交战国索赔的正当要求，在实践中却遭挫败。这再次表明，传统国际法对规范大国行为可起到一定的道义及舆论作用，对弱国却难有实质性帮助。

1　[英]劳特派特修订，王铁崖、陈体强译：《奥本海国际法》下卷，第一分册，商务印书馆，1989年，第175页。

2　[英]劳特派特修订，王铁崖、陈体强译：《奥本海国际法》下卷，第一分册，商务印书馆，1989年，第176页。

第二节 日俄战争前清政府采取的预防措施

1903年，日俄两国将战的迹象甚嚣尘上，引起舆论大哗，各界纷纷建言清政府亟宜预为筹备，以防侵害的发生。1903年8月，《新闻报》刊文称，“日俄将有事矣，中国大有作壁上观之势，意若曰：莫可挽回，莫可预力，听之而已。”“嗟乎，于中国能堪此言乎。”清政府应该迅速整备，否则“人心不固”。[1]《同文沪报》也认为，日俄将在中国东三省开战，中国“可谓万难之境矣，然于万难之境仍不能不筹所以处之之法，则向是害也，亦求其害之稍轻”。[2]《顺天时报》则直言：“中国之事变亟矣”“图自存之计乃观于今之在朝者。”[3]来自地方的请求或建议得到了部分政府官员的认同。两广总督岑春煊便赞同“预筹战备”之事，认为“俄人狡横如此，恐终难保和平”“至备战既属难缓，饷械亟应预筹”，拟请

1 《因日俄有事感论》（光绪二十九年六月十六日），国家图书馆分馆编：《清末时事采新汇选》，第6册，北京图书馆出版社，1997年，第3005页。

2 《再论中国之对俄》（光绪二十九年十一月初一日），国家图书馆分馆编：《清末时事采新汇选》，第6册，北京图书馆出版社，1997年，第3783页。

3 《论中国之祸福决定于今日》（光绪二十九年十月初九日），国家图书馆分馆编：《清末时事采新汇选》，第6册，北京图书馆出版社，1997年，第3783页。

清政府立刻下旨“饬各省筹备战时费用”，[1]以备不时之需。岑春煊建议筹款备战以应对战争的任何情况，引起部分封疆大吏的回应，两江总督兼南洋大臣魏光焘称：“（日俄）显示决裂”“我亦不能坐视，故目下外示镇静，必以备战为主。”[2]江西巡抚夏峕也认为，“恐怕战争终不能免，莫如先筹备战以防不测”。[3]而驻日公使杨枢则认为，日俄“决裂和战在旬日”，“我国似宜早筹备”，但如何应对仍须“电南北洋暨各边省”官员齐议。[4]

多位重量级官员希望提前筹备以防日俄战争影响的提议，被清政府采纳。1903年12月27日，清政府正式颁布谕令，饬令南北洋大臣及各省督抚就日俄将战提前作出布置。清政府的预防性措施表现在以下几点：

首先，关于调兵防备的布置。多位官员均提出要调兵防备，典型如袁世凯认为：“在我必须先从守局外入手，一面厚集兵力，严加防范。”[5]毕竟，“公法局外之例，不许客

1　《收署两广总督岑春煊电：为筹款备战事》（光绪二十九年九月十五日），中国第一历史档案馆编：《清代军机处电报档汇编》，第39册，中国人民大学出版社，2005年，第28页。

2　《收南洋大臣魏光焘电：为备战事》（光绪二十九年九月二十日），中国第一历史档案馆编：《清代军机处电报档汇编》，第39册，中国人民大学出版社，2005年，第31页。

3　《收江西巡抚夏峕电：为预筹兵力以备战事》（光绪二十九年九月二十二日），中国第一历史档案馆编：《清代军机处电报档汇编》，第39册，中国人民大学出版社，2005年，第32页。

4　《收出使日本大臣杨枢电：为日廷议已决和战在旬及我国宜早筹备事》（光绪二十九年十一月初九日），中国第一历史档案馆编：《清代军机处电报档汇编》，第39册，中国人民大学出版社，2005年，第56页。

5　《密陈局外应担责任片》（光绪二十九年十二月初三日），天津图书馆、天津社科院历史研究所编：《袁世凯奏议》，天津古籍出版社，1987年，第878页。

兵借境为要义。防之不力，守局立隳，不但人之溃卒，我之土匪，必须认真防堵；而两大构兵，逼处堂奥，变幻叵测，亦不得不预筹地步”。[1]所以，调兵防守是为要务，一方面防日俄两军乘机越界肆扰，另一方面也防华匪滋扰乱事，扰害生民。至于防范的方案，袁世凯提出：调配兵力六万人，以万人拱卫京师，以五万人分边布要，又须声势联络，互相策应，才能“方免疏虞”，以资屏蔽。[2]清政府对此方案未置可否。1903年12月27日，清政府军机处致电袁世凯：“悬揣大势，战事初起，当在辽海不至遽扰东南，如调北洋兵船分防江阴、吴淞口，徒使各国生心，民间惶惑，尚非现在着要”，所有北洋兵船须“暂入内港为妥。”[3]另外，军机处还谕令袁世凯、魏光焘及各省督抚：“除奉、直边要，各地方应由北洋统筹布置，派兵严防外，所有沿海、沿江、沿边各口，务须加意扼防。”[4]这是清政府的宏观布置。而在具体执行细节上，清政府与地方大员也做了很多工作，例如1904年1月26日，“风闻俄兵一队由东而来，已至沟帮子，袁宫保（指袁世凯。“宫保”原为封建时代对东宫太子的师傅太子太保

1　《密陈遵照传谕统筹布置防守情形折》（光绪二十九年十二月初三日），天津图书馆、天津社科院历史研究所编：《袁世凯奏议》，天津古籍出版社，1987年，第875—876页。

2　《密陈遵照传谕统筹布置防守情形折》（光绪二十九年十二月初三日），天津图书馆、天津社科院历史研究所编：《袁世凯奏议》，天津古籍出版社，1987年，第876页。

3　《发北洋大臣袁世凯南洋大臣魏光焘电：为日俄将战预为布置事》（光绪二十九年十一月初九日），中国第一历史档案馆编：《清代军机处电报档汇编》，第38册，中国人民大学出版社，2005年，第287页。

4　《发南洋大臣魏光焘北洋大臣袁世凯及各督抚电：为日俄将战妥筹办法事》（光绪十一月二十八日），中国第一历史档案馆编：《清代军机处电报档汇编》，第38册，中国人民大学出版社，2005年，第287页。

和太子少保的尊称，但晚清时几乎成了山东巡抚的专称，因巡抚衙门的前身是明朝德王府，府前街上有座写着“齐鲁总制”四个大字的牌坊，系原德王府的宫门，山东巡抚因此就成为名副其实的“宫保”。袁世凯曾为山东巡抚，又政绩卓著，故有此尊称。在袁获此称号前，有山东巡抚丁宝桢，袁之后有盛宣怀，也被尊称为“宫保”，但那是二人因功而加赏太子少保衔，与袁不同。——编者注）拟撤退其兵”，以免冲突。但英国公使萨道义认为“撤退其兵，铁路所用诸人不安”，“应将铁路巡警兵，足数饬留，俾无疑虑”。清外务部也赞同，“辽西已退之地，俄兵不应复入，英使所言与探报相符”。所以，清政府一方面，“照诘俄使，至关外铁路专责成中国保护，载在交收条约尊处”，另一方面仍饬令袁世凯“照常弹压，妥为保护”，以防侵扰。[1]地方上，各省地方大员也纷纷做好兵力布置准备，代理湖广总督端方“奏备调精兵八营，即妥密备齐，并选派得力统带候，一俟电调，即行开拔”。[2]山东巡抚周馥亦电“今夏辛酉，统带精兵数营北来备防”“一俟电调，即行开拔”等。[3]

其次，关于防止俄军借口剿匪而扰民的问题。华匪分为两种，一种是俄军支持的华队，以劫掠华民为主；另一种是

1 《发北洋大臣袁世凯电：为保护关外铁路事》（光绪二十九年十二月初十日），中国第一历史档案馆编：《清代军机处电报档汇编》，第 38 册，中国人民大学出版社，2005 年，第 289 页。

2 《发署湖广总督端方电：为备调精锐事》（光绪二十九年十二月十五日），中国第一历史档案馆编：《清代军机处电报档汇编》，第 38 册，中国人民大学出版社，2005 年，第 290 页。

3 《发山东巡抚周馥电：为备调精兵以防俄 日开战事》（光绪二十九年十二月十五日），中国第一历史档案馆编：《清代军机处电报档汇编》，第 38 册，中国人民大学出版社，2005 年，第 290 页。

由中国无业游民组成的队伍，打着反对沙俄的旗号实际到处肆扰。两种统称“华匪”。华匪扰民问题由来已久。清政府对两种华匪都反对，沙俄则对反俄“华匪”忌恨不已。对此类华匪，俄军常常出兵围剿，但很容易造成俄军侵害中国无辜民众权益的事件。从法权角度来说，俄军的行为也是对中国主权的侵犯。为杜绝这样的情况，清政府对此类华匪采取“严剿鼠匪，以免外人藉口干预”的态度。1903 年 11 月 12 日，袁世凯致电军机处，禀称：“俄人由海城派来马队二百渡辽河西，在镇安县境大虎山一带追捕胡匪等。”[1]11 月 18 日，袁世凯再致电军机处，认为“辽西系交还地面，捕匪为地方专责，俄军遣兵渡辽西搜捕，不徒骚扰闾阎，且亦侵害我治权”，应饬令“奉天将军（即盛京将军。奉天将军原为盛京将军的前身，1665 年，清政府设“镇守奉天等处”将军为，是为奉天将军；1747 年改为“镇守盛京等处将军”，即盛京将军。但在晚清时，两名经常混用。——编者注）自任剿办，克期肃清以杜俄人藉口侵权”。[2]11 月 19 日，清军机处回复袁世凯称：已电“奉天将军严饬地方文武，认真剿办”，并“转电热河严防鼠匪，以免（俄）藉端侵越”。[3]这是清政府对华匪的明确态度。对清政府来说，剿灭境内华匪是正

1 《收北洋大臣袁世凯电：为俄人由海城渡辽河捕匪事》（光绪二十九年九月二十四日），中国第一历史档案馆编：《清代军机处电报档汇编》，第 39 册，中国人民大学出版社，2005 年，第 33 页。

2 《收北洋大臣袁世凯电：为杜俄人藉口捕匪侵权请旨自剿事》（光绪二十九年九月三十日），中国第一历史档案馆编：《清代军机处电报档汇编》，第 39 册，中国人民大学出版社，2005 年，第 36 页。

3 《发北洋大臣袁世凯电：为严剿鼠匪以免俄兵籍端侵越事》（光绪二十九年十月初一日），中国第一历史档案馆编：《清代军机处电报档汇编》，第 38 册，中国人民大学出版社，2005 年，第 281 页。

常行使管辖权，具有正当性，但是对借口剿匪而侵害清政府权益的俄军，清政府便感到无能为力，如盛京将军增祺言："彼以剿匪为名，并赴边外，未免民间惊恐，已照覆拦阻。"[1]但奈何俄人不从。现在"俄队渡河剿匪，先未通知"，"已至新民府，窥其用意，无非藉以侦察""惟与彼兵接合，既多掣肘，又恐误会，只有严饬防范，遇匪即击，以免扰窜"。[2]可见，对于俄军越境扰民的问题，清政府没有办法来解决，只有尽力消灭境内华匪以免俄军借口犯境而已。

再次，关于粮草购办的问题。日俄两国在战争爆发前都大规模地购买粮草，蓄积以备战。清政府的态度是两军向"居民购办，碍难显诘，但不宜由地方官代办，明许接济"。[3]清政府明令要求官员不许私自替日俄两军购买粮草，但对于两军自行购买，并不过问。"至日船在各口购备战物，我既不能于东三省阻，俄亦自不便于各口阻日"。[4]两国各不干扰，清政府也不介入。但如果两军在购置战备物资的过程中，有强勒劫夺的行为，清政府会通过外交途径咨照两国官员予以解决。1903 年 4 月 4 日，俄军在东省铜矿岭乡购办粮草的过

1 《收盛京将军增祺奉天府尹志彭电：为拦阻俄兵以捕匪为名赴边外事》（光绪二十九年九月二十九日），中国第一历史档案馆编：《清代军机处电报档汇编》，第 39 册，中国人民大学出版社，2005 年，第 35 页。

2 《收盛京将军增祺奉天府尹志彭电：为俄渡河剿匪事》（光绪二十九年十月初六日），中国第一历史档案馆编：《清代军机处电报档汇编》，第 39 册，中国人民大学出版社，2005 年，第 38 页。

3 《发南洋大臣魏光焘北洋大臣袁世凯电：为日俄将战妥筹办法事》（光绪二十九年十一月初九日），中国第一历史档案馆编：《清代军机处电报档汇编》，第 38 册，中国人民大学出版社，2005 年，第 287 页。

4 《发南洋大臣魏光焘北洋大臣袁世凯电：为日俄将战妥筹办法事》（光绪二十九年十一月初九日），中国第一历史档案馆编：《清代军机处电报档汇编》，第 38 册，中国人民大学出版社，2005 年，第 287 页。

程中，发生绑架华民勒逼民人资财的行为。俄军“绑勒乡民，被害之家畏惧复仇，饮泣吞声不敢控诉，稍有资财者大半卷迁”。因此，清政府照会俄方驻盛京代表武廓米萨尔，要求将侵扰华民的军官巴卜勒士及其所带匪队，“勒诈银圆如数交出，为首滋事之匪拏送中国官办，余匪收枪遣散”等。[1]收到照会后，武廓米萨尔表示会饬令管制其军队行为，但对将所勒诈银圆如数交出和“滋事之匪”交中国官办的要求未予置会，仅是礼节性地说几句空话敷衍了事。与之相类似事件还有很多，清政府也无可奈何，只有一再要求俄队撤出，并饬令地方官员：“持以镇静，安抚军民，并将详细情形随时电告为要。”[2]清政府没有能力约束俄军的行为，只能通过单一的外交途径对俄施压，其他的反制措施基本没有。

最后，关于战前俄军“华匪”侵扰问题。如上所述，俄军“华匪”依靠有俄人撑腰，经常侵害华民。清政府曾做出多方努力，希望解决这老大难问题。俄军招募华队的一个借口就是俄方木植公司需要保护，清政府对此提出了解决方案。清方认为，“俄招华人当兵，显违公例，且由省至通化，自辽阳至东边，自安东至韩，均由俄设马队，尤属有碍主权”，为此清政府建议“俄商由韩运木过境，由中国自认保护，毋庸俄设马队”。[3]另外，清政府要求加入华队的清政府国民

1 《盛京将军增祺为东边道禀俄军招募匪队绑勒民财事给俄武廓米萨尔照会》（光绪二十九年四月二十五日），中国边疆史地研究中心、辽宁省档案馆合编：《东北边疆档案资料选辑》，第4册，广西师范大学出版社，2007年，第40—41页。

2 《发盛京将军增祺电：为俄撤兵事》（光绪二十九年九月十一日），中国第一历史档案馆编：《清代军机处电报档汇编》，第38册，中国人民大学出版社，2005年，第275页。

3 《发盛京将军增祺电：为俄招匪队事》（光绪二十九年四月十三日），中国第一历史档案馆编：《清代军机处电报档汇编》，第38册，中国人民大学出版社，2005年，第265页。

"姓名、人数等"登记在案，以便发生华队扰民时可追查到责任人。[1]就清方所提方案来看，清政府希望俄方遣散华队，作为补偿，俄方从东三省到韩帝国所运输的木材由中国派兵提供保护。在清政府看来，如果俄方同意他们的方案，也可以省去一笔巨额费用，因为，俄国诱惑中国人参加华队的最大吸引力就是所谓"重饷"[2]，正所谓是重赏之下必有勇夫。但是，俄方不同意，回复说："某公司出资招雇散兵保护木植，数止五百名，未便禁止。"当清政府一再强调俄国所招华队的扰民情形时，俄方才表示"已电阿（列克塞耶夫）转饬，慎选严防，名数减少，犯法重处"。[3]俄方不肯放弃华队的重要原因是华队可为他们做很多事情，如搜刮粮草、运输、保护铁路等。

清政府未能达成取缔俄国华队的目的，但其交涉努力在一定程度上达到了让俄国对其华队进行约束的目的。

1 《发盛京将军增祺电：为俄招匪队事》（光绪二十九年四月十七日），中国第一历史档案馆编：《清代军机处电报档汇编》，第 38 册，中国人民大学出版社，2005 年，第 266 页。

2 《日俄战事纪要·中国中立杂志》（1904 年 5 月 10 日），《东方杂志》，第 1 卷第 3 期，第 67 页。

3 《收出使俄国大臣胡惟德电：为俄撤兵及遣散匪队事》（光绪二十九年四月二十四日），中国第一历史档案馆编：《清代军机处电报档汇编》，第 38 册，中国人民大学出版社，2005 年，第 12 页。

第三节 战时清政府的维权交涉

日俄战前清政府采取了一定措施预防战争可能带来的侵害，但在战争爆发后出现的侵害情况之严重，让清政府的预防措施徒劳无功。日俄两军悍然践踏国际公法，罔顾中国“局外者”的身份，对中国商民侵害的案件愈演愈烈。为尽力保护自己国民的权益，清政府与日俄两国展开了积极的交涉，使东北国民权益得到一定程度的维护。

一、 为保护合法商贸活动而进行的交涉

国际公法有明文规定：“不得禁止中立国与敌国间的正常交往。”[1]尤其是合法商务的交往。战争前清政府已宣布局外中立，战争期间也仍维持与日俄两国的正常商务关系。但战争期间，日俄两国却经常指责清政府向对方运销战时违禁商品，有违中立。为此，清政府与日俄两国的外交交涉不断发生。

1904 年 3 月发生的“日商运豆饼桐木案”，便是此类案件的典型。3 月 26 日，日商数艘轮船前往中国营口购买豆饼和桐木，准备运回国内，但俄国外交官认为豆饼、桐木等属

1 [英]劳特派特修订，王铁崖、陈体强译:《奥本海国际法》下卷，第二分册，商务印书馆，1989 年，第 167 页。

战时违禁物不能运销日本，要求清政府查禁。就案件牵扯面而言，其后果是严重的。若俄国指责成立，清政府一方面政治上会陷入破坏中立的不利境地，另一方面，如这个问题处理不好，会对清政府正常的对外经贸活动产生极大的负面影响，正如东海关（烟台海关，1863 年设置。——编者注）向总税务司禀报所言："豆饼一项系属营口出口货物之大宗，若不准装运，未免与生民、国课两有妨碍。"[1]为此，清政府多次与日俄两国进行协商。案件争执主要集中于两点，即俄方认为豆饼"可充喂马之料，不准放行"，[2]而桐木则"可充铁路垫木之用，系属禁货，不得运出"。[3]

清政府颁布的《中立条规》中有"不得代战国购办禁货或在境内制造禁货运销战国之陆海军"[4]的规定，并列有禁货的具体名称，其中有"不得售粮食煤炭于战国"的明确说法。按此规定，俄方的要求有一定的"合理性"，俄方提出"俄员及外国武员均指称此物（豆饼）系用以喂牲口、马匹者，

1　《收总税务司信一件：日本由烟运豆饼是否禁物请示由》（光绪三十年二月初十日），孙学雷、刘家平主编：《国家图书馆藏清代孤本外交档案》，第 38 册，全国图书馆文献缩微复制中心，2005 年，第 16248 页。

2　《收日本大使信一件：豆饼不为禁物请饬放行由》（光绪三十年二月初十日），孙学雷、刘家平主编：《国家图书馆藏清代孤本外交档案》，第 38 册，全国图书馆文献缩微复制中心，2005 年，第 16250 页。

3　《收日本大使信一件：日商办运桐木请饬东海关放行并将豆饼事见复由》（光绪三十年二月十三日），孙学雷、刘家平主编《国家图书馆藏清代孤本外交档案》，第 38 册，全国图书馆文献缩微复制中心，2005 年，第 16252 页。

4　《日俄战争中国严守局外中立条规》（光绪二十九年十二月二十七日），王彦威纂辑、王亮编：《清季外交史料》，卷 181，书目文献出版社，1987 年，第 21 页。

然则此种食料亦入战时禁物之内显矣”。[1]但是，日本也向清政府抗议“三井洋行向来贩运豆饼专做肥田之料”“且本国向不用豆饼喂马，众所共知”，希望清政府“勿得留难”。[2]而清政府怕影响与俄国关系，于是先饬令东海关道暂时扣押，待“与俄使辩明，方免藉口”。[3]

清政府在与俄国交涉中，俄国公使雷萨尔始终认为“此物可用以喂马，亦入战时禁物”，坚执此说，毫不退让。[4]至4月11日，清政府决定以国际公法为突破口，与俄国交涉。外务部照会俄使雷萨尔的公文中称：“查局外中立通例，战时禁货分别差等，一系专为战时必需之物，应行禁止。一系平时通用之物，亦为战时需用者，应查其是否运往战地及有无关碍之处，酌量办理。一系并非战时需用之物，可与战国照常贸易。”[5]

按照以上公法规定，清政府有权核定豆饼属平常通用货

1 《收俄国公使照会一件：豆饼可以喂马应入禁品由》（光绪三十年二月二十一日），孙学雷、刘家平主编：《国家图书馆藏清代孤本外交档案》，第38册，全国图书馆文献缩微复制中心，2005年，第16259页。

2 《收日本公使信一件：豆饼不为禁物请饬放行由》（光绪三十年二月初十日），孙学雷、刘家平主编：《国家图书馆藏清代孤本外交档案》，第38册，全国图书馆文献缩微复制中心，2005年，第16250页。

3 《发东海关道电一件：豆饼事既告俄领须使办明嗣后运货须自酌断勿先商俄领由》（光绪三十年二月十五日），孙学雷、刘家平主编：《国家图书馆藏清代孤本外交档案》，第38册，全国图书馆文献缩微复制中心，2005年，第16254页。

4 《发东海关道电一件：俄使以豆饼应入禁物正与俄使辩论勿先放行由》（光绪三十年二月二十一日），孙学雷、刘家平主编：《国家图书馆藏清代孤本外交档案》，第38册，全国图书馆文献缩微复制中心，2005年，第16260页。

5 《发俄国公使信一件：查日本饲马不用豆饼自应照常贸易》（光绪三十年二月二十六日），孙学雷、刘家平主编：《国家图书馆藏清代孤本外交档案》，第38册，全国图书馆文献缩微复制中心，2005年，第16261页。

物而采取相应处理办法。清方给出的理由也很充分，“豆饼一项向为中国出口土货大宗，历年中外商人由烟台购运至日本，不由今始，均有海关册籍可稽查”。[1]另外，对于俄称豆饼乃充喂马之用，日方却称“系肥田所需，并非战事所用”的疑点，清政府回复称，“兹经详细访查，日本马匹食料系用大麦、莜麦两种，并无豆饼之说”，且“各处地气不同，所产之马性质亦异，日本向不以豆饼饲马，此理人所共明”。[2]

为逼俄方让步，清政府还举出俄国进口华民茶叶的例子：“贵国商人贩运茶叶回国，因非前往战地，本部咨行保护，并不指为（兵用）饮料，致与平常通商稍异。日本之运豆饼回国，亦同此例，既与战时禁货无涉，自可准其照常贸易。”如果禁止华民豆饼出口，那也该禁止华民茶叶出口俄国。以此，清政府希望凭借国际公法和反制措施结合，能逼俄国让步。

清方交涉有理有据，照理俄方为大局计应当允为放行。可俄使仍固执己见，不肯让步。为免激化矛盾，俄方也提出了一个变通之法，那就是俄中两国合订一个新的章程，就是“中国仍得与战国通商”，[3]但“所有商人承运豆饼前往日本，拟令先备押款，出具保结，声明仍系用以培田，倘查出有饲

1　《发俄国公使信一件：查日本饲马不用豆饼自应照常贸易》（光绪三十年二月二十六日），孙学雷、刘家平主编：《国家图书馆藏清代孤本外交档案》，第 38 册，全国图书馆文献缩微复制中心，2005 年，第 16261—16262 页。

2　《发俄国公使信一件：查日本饲马不用豆饼自应照常贸易》（光绪三十年二月二十六日），孙学雷、刘家平主编：《国家图书馆藏清代孤本外交档案》，第 38 册，全国图书馆文献缩微复制中心，2005 年，第 16262 页。

3　《收东海关道电一件：豆饼事拟照俄完新章须备押款请知会俄使由》（光绪三十年二月二十六日），孙学雷、刘家平主编：《国家图书馆藏清代孤本外交档案》，第 38 册，全国图书馆文献缩微复制中心，2005 年，第 16264 页。

马之事，情甘抵罚，此次准其试运，如被查罚，以后作禁件论”。[1]对于俄方所提方案，日本未予置会。4 月 12 日，日本公使内田康哉强硬声明：“查豆饼一案，不得视作战时禁货，至其所以然，除业已陈明毋庸再叙外。”要求立即放行。[2]迫于日本的强硬要求，无计可施的清政府于 14 日照会俄使，“所拟办法尚为公允，办理亦甚周密”，已饬令照所拟办法试运。[3]4 月 20 日，清政府按照俄所拟办法施行，并饬令东海关道尽速放行。[4]可就在问题得以解决时，案子却又起波澜。4 月 22 日，俄使雷萨尔再次照会清政府，要求阻止放行日船，并否定前所拟定的办法。

案件突变的原因在于俄方认为日本报称的“日本马所饲各情”是错误的，其理由是：“若询及晓于此事实、言可凭者，必称在中国北界、韩国及日本各地方，人人饲马多半饲之以豆饼”“各地方马惯食豆饼，他国马亦快惯食，俄国马自远方带来者并他国地方马，近日饲之亦惯食，但用以肥田者甚

1　《发俄国公使信一件：日运豆饼似令先备押款具结声明由》（光绪三十年二月二十九日），孙学雷、刘家平主编：《国家图书馆藏清代孤本外交档案》，第 38 册，全国图书馆文献缩微复制中心，2005 年，第 16270 页。

2　《收日本公使照会一件：豆饼不为禁货请饬知东海关由》（光绪三十年二月二十七日），孙学雷、刘家平主编：《国家图书馆藏清代孤本外交档案》，第 38 册，全国图书馆文献缩微复制中心，2005 年，第 16268 页。

3　《发俄国公使信一件：日运豆饼似令先备押款具结声明由》（光绪三十年二月二十九日），孙学雷、刘家平主编：《国家图书馆藏清代孤本外交档案》，第 38 册，全国图书馆文献缩微复制中心，2005 年，第 16271 页。

4　《发东海关电一件：豆饼可放行由》（光绪三十年三月初五日），孙学雷、刘家平主编：《国家图书馆藏清代孤本外交档案》，第 38 册，全国图书馆文献缩微复制中心，2005 年，第 16275 页。

少，因是知豆饼系为日军所必需无疑”。[1]俄方前面所拟的商人如对日贸易需出具保证金的方案，俄方自己推翻了，称“殊无用之意也，何人能稽查此豆饼系以饲马系以肥田之用？显然不能也”。[2]所以这方案也不能实行。

另外，俄方还认为清方对其意存要挟。俄方谓：“贵大臣喻以茶叶一节，实欠切当”“普天下无一国谓茶叶为战时禁货者，且一则俄国运茶出口以备兵用并不甚多；二则亦可于他国购买，设若贵国政府禁止俄国运茶出口，自然英国甚愿由印度令其简便运赴俄国，则俄国日久习惯，即战定后仍用印度茶矣，若此中国现已失他国运茶之利益，并将得俄国之利亦尽失也。”[3]所以俄国并不惧怕中国以禁止向俄出口茶叶为要挟。最后，俄方强硬表态，“若是贵国政府允许豆饼出口运往日本及韩国，本国即认中国违局外之例，且局外国能定何物为战时禁货，而战国亦能定何物为战时禁货，如此俄国仍指豆饼为禁货，并于海陆各路拦阻运往日本及韩国，及局外船只若装运豆饼往该两国，俄国亦认为装运禁货也”。[4]

俄方的强硬照会令清政府陷入困境。4 月 29 日，清政府

---

1 《收俄国公使照会一件：本国政府认为豆饼为禁物由》（光绪三十年三月初七日），孙学雷、刘家平主编：《国家图书馆藏清代孤本外交档案》，第 38 册，全国图书馆文献缩微复制中心，2005 年，第 16278—16282 页。

2 《收俄国公使照会一件：本国政府认为豆饼为禁物由》（光绪三十年三月初七日），孙学雷、刘家平主编：《国家图书馆藏清代孤本外交档案》，第 38 册，全国图书馆文献缩微复制中心，2005 年，第 16279 页。

3 《收俄国公使照会一件：本国政府认为豆饼为禁物由》（光绪三十年三月初七日），孙学雷、刘家平主编：《国家图书馆藏清代孤本外交档案》，第 38 册，全国图书馆文献缩微复制中心，2005 年，第 16279-16280 页。

4 《收俄国公使照会一件：本国政府认为豆饼为禁物由》（光绪三十年三月初七日），孙学雷、刘家平主编：《国家图书馆藏清代孤本外交档案》，第 38 册，全国图书馆文献缩微复制中心，2005 年，第 16281 页。

再次照会俄国公使雷萨尔称："查局外之国与战国通商如常，如非用兵处所，仍准前往贸易，此系各国通例"，并且"豆饼向为通商货物，查致公法律例也并无指为战时禁物之说"，况且，在"正月十四日和二月十九日贵大臣两次照送战时禁货章程，均未列有豆饼在内"。[1]现在俄方突然将豆饼列入禁货内，实属诧异。所以清政府仍决定，"除东三省及韩国为现在用兵处所，不准运往外，贵国与日本国境内各他处皆可一律运往""此等办法与局外中立之例并不相背""如贵大臣不信，可与著名公法家详加考证"。[2]无计可施的清政府只能祈求搬出国际公法，达到令俄放行的目的。可"俄领仍不允"，[3]日使又频催放行，清政府夹在中间左右为难。最后，在进一步权衡利弊后，清政府还是断然决定，依遵国际公法"豆饼为通商货物，如非运往战地，自可照常出口"，不再咨询俄国，准允直接运销日本，但迫于俄的战争威胁，又称"惟货主冒险前往，应自担其责"。[4]这是清政府能尽的最大努力了，也因此华民外贸商的利益才得到一定程度的维护。

1　《发俄国公使照会一件：豆饼并非禁货中国办法与局外中立不背由》（光绪三十年三月十四日），孙学雷、刘家平主编《国家图书馆藏清代孤本外交档案》，第 38 册，全国图书馆文献缩微复制中心，2005 年，第 16283—16284 页。

2　《发俄国公使照会一件：豆饼并非禁货中国办法与局外中立不背由》（光绪三十年三月十四日），孙学雷、刘家平主编《国家图书馆藏清代孤本外交档案》，第 38 册，全国图书馆文献缩微复制中心，2005 年，第 16284 页。

3　《收东海关道何彦昇电：为承运豆饼报关事》（光绪三十年三月十五日），中国第一历史档案馆编：《清代军机处电报档汇编》，第 39 册，中国人民大学出版社，2005 年，第 227 页。

4　《发日本公使的照会一件：豆饼已放行由》（光绪三十年三月十五日），孙学雷、刘家平主编：《国家图书馆藏清代孤本外交档案》，第 38 册，全国图书馆文献缩微复制中心，2005 年，第 16286 页。

桐木运销日本的事件，俄也以相似的借口，指责日本会将桐木用作“铁路垫木之用”，属于战时违禁品，因而不得运销日本。[1]清政府辩称“此木质软，价格高昂，难以垫路”，日本“木植丰富，惟缺桐木用以制屐”。[2]俄国不信，无理要求“令其截成片段，始准运出”。[3]清政府亦强硬回复，“若令其截成片段，始准运出办法，亦涉琐碎”，不予照办，且饬令东海关道往后遇有出口货物，不再与交战国商量，直接上禀外务部。[4]

此次清政府能顶住俄国压力，强硬放行日商船，促成贸易，原因有两处，一方面是俄方的无理要求在国际公法上不被承认，而其指责及所谓的辩解说明，大部分都经不起推敲；另一方面，若清政府承认俄方的无理指责，禁止华民出口传统货物至日本，这对华民而言是难以承受的经济损失。单论豆饼一项，“中国关口每报此项豆饼货值，为数有五六百万金之多”。[5]且豆饼、桐木皆是中日间传统贸易，早已有之。

1　《收日本公使照会一件：日商办运桐木请饬东海关放行并见将豆饼事见复由》（光绪三十年二月十三日），孙学雷、刘家平主编：《国家图书馆藏清代孤本外交档案》，第38册，全国图书馆文献缩微复制中心，2005年，第16252页。

2　《发东海关道电一件：日运桐木制履并非垫路即与税务司妥商由》（光绪三十年二月十五日），孙学雷、刘家平主编：《国家图书馆藏清代孤本外交档案》，第38册，全国图书馆文献缩微复制中心，2005年，第16255页。

3　《发东海关道电一件：嗣后禁物应自行断定勿先商战国由》（光绪三十年三月二十日），孙学雷、刘家平主编：《国家图书馆藏清代孤本外交档案》，第38册，全国图书馆文献缩微复制中心，2005年，第16288页。

4　《发东海关道电一件：嗣后禁物应自行断定勿先商战国由》（光绪三十年三月二十日），孙学雷、刘家平主编：《国家图书馆藏清代孤本外交档案》，第38册，全国图书馆文献缩微复制中心，2005年，第16288-16289页。

5　《收驻日本大臣信一件：据小村云豆饼不在禁例请核示以便答复由》（光绪三十年三月二十一日），孙学雷、刘家平主编：《国家图书馆藏清代孤本外交档案》，第38册，全国图书馆文献缩微复制中心，2005年，第16292页。

若因俄国指责而轻易就禁止，“坐失此利权，即中国自为计亦大不可”，[1]日后沙俄若以此为例，扩大指责范围，华民出口商贸活动必将严重受阻，相关华民生计势必将陷入绝境。

在与俄国交涉的同时，清政府与日本同样就商贸问题爆发过多次外交冲突。1904 年 11 月发生了“日官在营口禁阻商货案”。11 月 23 日，日军在占领营口后颁布禁令，“各华商凡布、糖、棉花、麻袋、席子、铜、铁、银、洋等货，均不准由营口站装车运往他站”，并狂言“各商如有不服，可迳禀中国外部与驻京日使商办”。[2]日军的蛮横作为已构成对中国主权的侵凌，严重扰乱了清政府国民的正常生活，如北洋大臣袁世凯所称，“查营战为辽西局外地，火车乃中立产业，装运货物本自主权利，非日军禁令施行之所，而所禁又多为华民日用所必需”。[3]这种情况显然是清政府难以接受的。

交涉中，清政府认为禁阻华民商品运输，“不特与（清）路政进款有关，即于该处商业、民用，亦多阻碍”，[4]要求日方撤销禁令。日方回复称：“在贵站特为稽查往来货物有

1　《收驻日本大臣信一件：据小村云豆饼不在禁例请核示以便答复由》（光绪三十年三月二十一日），孙学雷、刘家平主编：《国家图书馆藏清代孤本外交档案》，第 38 册，全国图书馆文献缩微复制中心，2005 年，第 16292 页。

2　《收北洋大臣袁世凯电：日官禁阻营口战运货请照日使转饬勿再留难由》（光绪三十年十月十七日），孙学雷、刘家平主编《国家图书馆藏清代孤本外交档案》，第 40 册，全国图书馆文献缩微复制中心，2005 年，第 16708 页。

3　《收北洋大臣袁世凯电：日官禁阻营口战运货请照日使转饬勿再留难由》（光绪三十年十月十七日），孙学雷、刘家平主编《国家图书馆藏清代孤本外交档案》，第 40 册，全国图书馆文献缩微复制中心，2005 年，第 16708 页。

4　《发日本公使照会一件：营战运货希饬军官勿再留难由》（光绪三十年十月十九日），孙学雷、刘家平主编：《国家图书馆藏清代孤本外交档案》，第 40 册，全国图书馆文献缩微复制中心，2005 年，第 16710—16711 页。

无违反战时禁用之品，并非阻碍贵路生意。”[1]拒绝清方的要求。此后清政府多次照会日方尽速放行，但均被敷衍了事。禁令从 11 月 23 日持续至 12 月 18 日将近 1 个月，营口车站积压的“货物堆存三百余车，仍未准装运”，[2]激起各界商民的严重不满。清政府迫于各方压力，于 12 月 21 日再次照会日使内田康哉，称“华商由营（口）运货，应饬日军不可留难”。[3]英、美、法等国这时也注意到了营口禁运事件，也纷纷提出交涉。日本对清政府可以置之不理，但对英、美、法等列强不能不给面子，日方文件称“日本行军政于营口，决不虑有所障碍，盖留寓营口之外人以英美人最有势力”。[4]所以迫于英、美、法等国施加的压力和清政府的强力交涉，最终华商的货物得以装运。

总体而言，日俄战争期间两国分别指责中国对另一交战国出口违禁品的案件有很多，但大多数情形下，这些指责都是毫无道理的，更多的是出于打击对手的目的。如此多的案件，清政府也知道都是因“此国必不愿利于彼国”的心理，

1 《收北洋大臣信一件：日官稽查营战运货情形由》（光绪三十年十一月十二日），孙学雷、刘家平主编：《国家图书馆藏清代孤本外交档案》，第 40 册，全国图书馆文献缩微复制中心，2005 年，第 16713 页。

2 《收北洋大臣信一件：日官稽查营战运货情形由》（光绪三十年十一月十二日），孙学雷、刘家平主编：《国家图书馆藏清代孤本外交档案》，第 40 册，全国图书馆文献缩微复制中心，2005 年，第 16712 页。

3 《发北洋大臣信一件：日查营战运货即已查照备案由》（光绪三十年十一月十五日），孙学雷、刘家平主编：《国家图书馆藏清代孤本外交档案》，第 40 册，全国图书馆文献缩微复制中心，2005 年，第 16715 页。

4 《论营口近状》（明治三十七年八月二十五日），张元济主编：《〈外交报〉汇编》，第 3 册，国家图书馆出版社，2009 年，第 680 页。

故“未有不生阻碍者也”。[1]而且，战争期间清政府与战国间并没有开辟新的商品贸易通道，国家之间的贸易也大多为此前的传统商品。依据这些正常贸易活动而指责清政府有违中立，这是不合理的。这些经贸活动涉及大多数华民的生计，为此清政府不遗余力同日俄两国进行了艰苦的外交交涉，在其最是丧权辱国、内忧外困的历史时期，有此表现是很值得肯定的。

二、 确保战地国民物资正常供应的交涉

如何保证战地民众物资正常供应，这是日俄战争期间清政府面临的又一项涉及国计民生的重要课题。清政府虽然宣布“局外中立”且明令规定“所有应行禁运货物，前往战地接济战国者，一律严禁”，[2]但清政府不仅不会禁止运销普通货物给战地华民，反而鼓励商人前往，这是因为日俄构衅以来，内地商人运往战地物资的通路几乎全面中断，战地东北国民的生活已极度窘迫，如北洋大臣袁世凯禀称：“日用各物缺乏已久，民生窘迫情形，不堪设想。”[3]为救护战地国民，清政府必须采取努力维持物资供应。

清政府采取第一个措施便是尽速让各处商人运货进战

1 《发东海关道信一件：嗣后禁货应自行断定勿先商战国由》（光绪三十年三月二十日），孙学雷、刘家平主编：《国家图书馆藏清代孤本外交档案》，第38册，全国图书馆文献缩微复制中心，2005年，第16288—16289页。

2 《收北洋大臣文一件：天津海关称辽西居民所需粮煤与禁货有别已饬准运由》（光绪三十年四月初六日），孙学雷、刘家平主编：《国家图书馆藏清代孤本外交档案》，第40册，全国图书馆文献缩微复制中心，2005年，第17022页。

3 《收北洋大臣文一件：天津海关称辽西居民所需粮煤与禁货有别已饬准运由》（光绪三十年四月初六日），孙学雷、刘家平主编：《国家图书馆藏清代孤本外交档案》，第40册，全国图书馆文献缩微复制中心，2005年，第17023页。

地。1904年12月12日，法国公使吕班就对清外务部投诉称“所有运往东三省货物经（天津）关道不肯给执照，并声称该省现无车辆运往”，故“要求天津关吏，凡有法商运货前往东三省者，仍得发给执照，以利揣（疑应为“遄”字。——编者注）行”。[1]按法方的说法，应该是天津关道拒绝给法商执照，不让他们运货进战地。如果真是这样，其行为与清政府实施的开放政策是不符的。

然而，考察天津海关的实际所为是有求其理由的。时任天津海关道唐绍仪认为，战时禁货“亦有轻重之分，所有枪械弹药等件，均系严禁之物，自应格外防范。至于民生需用粮、米、柴、煤各件，虽在禁运之列，仍应分别是否售予战国，查明核办。其实非售予战国，而专为该处民生日用起用者，若仍照战时禁运之列办理，一概不准装运，似属因噎废食”。所以他提议“除军械弹药等件仍应严禁外，其运往战地售与华民之日用各物，如米粮柴煤等件，拟令商人备具切实报结，不得售予战国，违者重咎，呈验到案，即行准予一律放行”。[2]也就是说，天津海关不是拒绝货物运送进东北战地，而是有条件的，即商人要有书面保证不把所运物资售予交战国。只要符合条件，“准予一律放行”。对于唐绍仪的提议，清政府大多官员都是表示赞同的。清政府也将此提议加以施行，虽然没有明令颁布，但是普遍采取这种方法解决内地运输物

1　《收法国公使信一件：法商运货往东三省天津海关不给执照请饬发由》（光绪三十年十一月初六日），孙学雷、刘家平主编：《国家图书馆藏清代孤本外交档案》，第40册，全国图书馆文献缩微复制中心，2005年，第16755页。

2　《收北洋大臣文一件：天津海关称辽西居民所需粮煤与禁物有别已饬批准由》（光绪三十年四月初六日），孙学雷、刘家平主编：《国家图书馆藏清代孤本外交档案》，第40册，全国图书馆文献缩微复制中心，2005年，第17023—17025页。

资进入东北战地的问题。

至于法国商人遇到的问题，唐绍仪给袁世凯的回复中解释说："近来各洋商运送新民屯食物甚多""各商运货到彼，纷纷雇车，已经滋生事端，若不予以限制，诚恐该商货物拥挤，雇车匪，转滋事端"。所以天津海关拟定的方法是，"无论何国商人多寡，请领护照，只每一礼拜发给护照四五张"，免致滋生事端。[1]就此方案来看，天津海关由于车辆不够，担忧洋商转雇部分车匪滋生事端，所以限制执照数量的发放。此举既对关税收入有影响，更影响战地国民的物资供应，本是无奈之举。但是，随着东北战地物资供应紧张的程度越来越严重，导致物价高昂，民不聊生，已经没有时间让天津海关去逐个分辨运往东北的物资的用途和目的地，清政府于是饬令天津海关立即发护照放行，并回复法使谓："查法国既有保护之国，自应格外通融，连同属国在内核发执照十张。"[2]法商运货进战境的问题得以解决。

但是，仅靠外商运货进战地并不能满足需要，且洋商所运货物，大多与国民日常生活无关，东北战地国民真正需要的日常物资仍然极为缺乏，如吉林、黑龙江两省将军所言：

---

1 《收北洋大臣文一件：查法商运货往东省天津海关稍示限制并无不给执照之事由》（光绪三十年十一月二十四日），孙学雷、刘家平主编：《国家图书馆藏清代孤本外交档案》，第40册，全国图书馆文献缩微复制中心，2005年，第16758页。

2 《发法国公使信一件：查法商运货往东省天津海关稍示限制并无不给执照之事由》（光绪三十年十一月二十九日），孙学雷、刘家平主编：《国家图书馆藏清代孤本外交档案》，第40册，全国图书馆文献缩微复制中心，2005年，第16762页。

“吉、江最要情形，百货奇缺，商民交困，急宜补救。”[1]奉天省的情况也差不多。

对此，清政府做出的另一尝试是趁日俄交战停战之机，组织内地商民快速把物资运抵战境。但这个法子需要日俄两国的共同认可，否则难保运货车队不遭到两国及两国扶植的势力的攻击。

1905 年 6 月 30 日，时任黑龙江将军程德全和代理吉林将军富顺建议清政府，“及时照会各公使，允认中立华人畅行驿路，贩运百货，以恤民艰”。清政府采纳此提议，并回复称：“吉、江驿路，现尚梗塞，商货更难通行，俟确有停战消息，再行照商。”[2]1905 年 8 月 21 日，富顺等又禀报称：“日俄构衅，道路不通，商贩多阻……近则战事已逼吉林，凡通道之处，两国各有重兵卡守，搜查甚严……吉林货物堆积如山，难以数计，而战地货价值日涨一日，棉花每斛向需中钱六七百文者则增至三千五六百矣……现在来源既断，而存货已将告罄，商人重利因而（价格）继长增高，若不设法疏通，将民生益用日艰。”[3]为此，他们请求清政府趁着日俄公使

1 《收黑龙江吉林将军文一件：吉江百货奇缺刻闻停战请照日俄两使允认华商贩运由》（光绪三十一年五月二十八日），孙学雷、刘家平主编：《国家图书馆藏清代孤本外交档案》，第 40 册，全国图书馆文献缩微复制中心，2005 年，第 16868 页。

2 《发黑龙江吉林将军电一件：商货俟停战后再行照商由》（光绪三十一年五月三十一日），孙学雷、刘家平主编：《国家图书馆藏清代孤本外交档案》，第 40 册，全国图书馆文献缩微复制中心，2005 年，第 16869 页。

3 《收军机处抄摺一件：富顺奏请与日俄议准商运货物奉朱批外务部查核办理钦此》（光绪三十一年七月二十一日），孙学雷、刘家平主编：《国家图书馆藏清代孤本外交档案》，第 40 册，全国图书馆文献缩微复制中心，2005 年，第 16870—16872 页。

在美华盛顿议和之机，使“道路不必如前之严禁”。[1]

清政府赞同此议，并抓住日俄短暂的停战机会，向日俄提出了救济华民的运货方案：“商明除战时禁品照章不能贩运外，其余为民间食用所必需之物悉听放行，不得稍有留难。此间商人如往天津办货，由地方官发给护照，填明执事人姓名，到津时呈验天津海关道办齐，起运时将货数名目，开单复呈天津海关道查验盖戳，回吉后将照缴销。倘有夹带违禁之物，查出将货入官，从重议罚。”[2]对于清政府的方案，俄方表示“奉属乃日本驻扎”与俄无关，可酌情执行。[3]日本则表示赞同。清政府的交涉得以成功。

商路通了，那么什么货物可以运行，什么不能运输，清政府认为需要根据实际情况具体处理。交战国始终以涉嫌禁货为由，拒绝清政府将部分与战地国民生存息息相关的货物运至东三省。但是，清政府始终坚持，战时禁货亦需甄别，尤其粮、米、煤等是战地国民生存的基本物资，虽然在禁货之列，但只要不是接济交战国而仅供应清政府国民，就不应该禁止。内地商人摄于日俄淫威，都不敢把涉禁物资发往东北，清政府就鼓励外商前往，借此压制两国霸蛮行为。但有

1　《收军机处抄摺一件：富顺奏请与日俄议准商运货物奉朱批外务部查核办理钦此》（光绪三十一年七月二十一日），孙学雷、刘家平主编：《国家图书馆藏清代孤本外交档案》，第 40 册，全国图书馆文献缩微复制中心，2005 年，第 16873 页。

2　《收军机处抄摺一件：富顺奏请与日俄议准商运货物奉朱批外务部查核办理钦此》（光绪三十一年七月二十一日），孙学雷、刘家平主编：《国家图书馆藏清代孤本外交档案》，第 40 册，全国图书馆文献缩微复制中心，2005 年，第 16873—16874 页。

3　《收盛京将军电一件：吉省道梗货缺请商日军勿阻由》（光绪三十一年八月二十日），孙学雷、刘家平主编：《国家图书馆藏清代孤本外交档案》，第 40 册，全国图书馆文献缩微复制中心，2005 年，第 16876 页。

一点，外商如果想运货进战区，必须向清政府“具结”，也就是写保证书，保证所运货物不接济两个交战国，以免违反中立。

1905 年 8 月 23 日，英国公使萨道义向清政府外务部发出照会，称：“上月牛庄英商旗昌洋行拟由秦皇岛装煤一千五百吨运往牛庄。”天津海关道以“战时禁货为由”加以拦阻，“令其出具保结，方出准单”。英方认为，这“明系逾越局外官吏之责，以限制英商贸易，俾贵国政府将受赔偿之责”。[1]从措辞看，英方的指责很严重。在照会中，英方还要求赔偿英方商人的贸易损失。英国照会事件是对清政府是否继续坚持鼓励外商运货进战地的策略的考验。

这次事件中，英方认为清方逾越职责的地方有好几处。其一，英方认为，“煤斤一项可否视为禁货，本国政府向来总就当时情形而论，必须查明果系局外人民之需，抑系战国所用，并无一概目为禁货之理”；其二，“查商人由中立国运货往并禁物，皆不违悖万国公法，亦不坏中立，是中立国并无拦阻出口之责”；其三，“即系公认禁货出口之例，则他项货物，如需先行查明用法去处，方定是否目为禁货者，中立国更无拦阻之责。且战时禁货，均可由战时捕拏充公，则货主只弃其货而已，于运货出口之中立国何干？”[2]所以，

1 《收英国公使照会一件：洋商拟由秦皇岛运煤往牛庄天津海关办理不合请饬勿再拦阻由》（光绪三十一年七月二十三日），孙学雷、刘家平主编：《国家图书馆藏清代孤本外交档案》，第 40 册，全国图书馆文献缩微复制中心，2005 年，第 17031-17032 页。

2 《收英国公使照会一件：洋商拟由秦皇岛运煤往牛庄天津海关办理不合请饬勿再拦阻由》（光绪三十一年七月二十三日），孙学雷、刘家平主编：《国家图书馆藏清代孤本外交档案》，第 40 册，全国图书馆文献缩微复制中心，2005 年，第 17028-17031 页。

英国认为清政府天津海关道的行为是越权，应赔偿因耽搁英商货物运输造成的损失。

对于英方的诉求，清政府与之辩驳称，英商旗昌洋行运载煤斤受阻一案，“津关道当因煤斤系属战国禁品，是否售予商人，最难查悉”，而“税司正酌擬办法”，未能确定所以才拦阻。清政府始终“遵守中立训条，与各国洋商一律办理，并无轻重歧视之别”。所以，英方指责清政府故意“限制英商贸易”并不合理。[1]另外，“查煤炭一项，中立条规列入禁项目，不得售于战国，营口既为战地，本应禁止，惟该商声明专售予官商，并非接济战国，姑准照办，仍应按照税司所擬专章办法”。至于英方不肯具结保证，惟要求立即放行的照会，清方认为，“伏查各洋商运送战地，煤斤皆系售予该处商民之需，既无接济军需情事，在领事署书立保结，有何不可？现在各洋商均经遵照此章办理，英商旗昌洋行自不能不统归一律，免致两歧。”[2]

就中英争执来看，其实双方关注的焦点为，是否需要“特具保结，方出准单”。在清政府看来，外商具结保证运至战地货物绝不接济战国，这是允许外商进战境的前提条件。否则，如果发生外商运送禁货接济战国的行为，必然导致另一战国的抗议，徒引外交衅端。为确定外商的行为仍在管控之内，由其具结保证“绝不接济战国”非常有必要。但英方对

1　《收北洋大臣信一件：洋商运煤牛庄抄呈津关与税司所拟办法由》（光绪三十年九月初一日），孙学雷、刘家平主编：《国家图书馆藏清代孤本外交档案》，第 40 册，全国图书馆文献缩微复制中心，2005 年，第 17037—17038 页。

2　《收北洋大臣信一件：洋商运煤牛庄抄呈津关与税司所拟办法由》（光绪三十年九月初一日），孙学雷、刘家平主编：《国家图书馆藏清代孤本外交档案》，第 40 册，全国图书馆文献缩微复制中心，2005 年，第 17039—17040 页。

此并不认可，交涉中故意戳清政府的软肋，提及受禁运影响最大的还是当地华民，称："牛庄一带虽系战地，惟该处铺户商民仍需煤斤，若似此禁运，不但有碍商情，且该口铺民恐亦有艰难之虞。"[1]针对英商的情况，清外务部与税务司特别拟定了一份由他口岸运禁货至牛庄的专章，规定"不论何商欲运煤至牛庄，应由该商在领事官署缮立保结，内注明限六个月，本关须接到山海关税务司来文，声明此煤是系全卖给商民，与战国无干，某商民倘逾限未接此据，按照该煤原价，五倍议罚"。[2]清政府的态度很坚决，且拟定比此前更严密的监护方案，以确保外商所运禁货确属满足华民之用。

1905 年 10 月 2 日，清政府再照会英使萨道义，声明英商具结保证的必要性，还援引"德商瑞生洋行亦有拟运之煤，本税司按照专章办法，即准瑞生洋行运煤"的例子，希望"旗昌等行准其援例具结"。[3]同时，清政府照会中还语带压力，"现在各洋商均经遵照此章办理"。[4]最终，迫于清方的压力，英方满足了清方的要求，使滞留于天津海关的煤炭得以顺利运赴牛庄。

---

1 《收北洋大臣信一件：洋商运煤牛庄抄呈津关与税司所拟办法由》（光绪三十年九月初一日），孙学雷、刘家平主编：《国家图书馆藏清代孤本外交档案》，第 40 册，全国图书馆文献缩微复制中心，2005 年，第 17042 页。

2 《收北洋大臣信一件：洋商运煤牛庄抄呈津关与税司所拟办法由》（光绪三十年九月初一日），孙学雷、刘家平主编：《国家图书馆藏清代孤本外交档案》，第 40 册，全国图书馆文献缩微复制中心，2005 年，第 17043-17044 页。

3 《发英国公使照会一件：洋商运煤事据北洋咨复查照由》（光绪三十一年九月初四日），孙学雷、刘家平主编：《国家图书馆藏清代孤本外交档案》，第 40 册，全国图书馆文献缩微复制中心，2005 年，第 17052 页。

4 《发英国公使照会一件：洋商运煤事据北洋咨复查照由》（光绪三十一年九月初四日），孙学雷、刘家平主编：《国家图书馆藏清代孤本外交档案》，第 40 册，全国图书馆文献缩微复制中心，2005 年，第 17053 页。

概而言之，清政府在维持战地国民物资供应上付出了相当多的努力，涵盖国民的范围也很广，如辽西地区，原不属“局外中立”地区，但却也遭战火殃及，“商民俱各无故遭难”。[1]清政府秉持“该处系我国疆土，未便漠视”[2]的观点，对受难国民一律救助。同时，对交涉中日俄两军的刁难，清政府依据国际公法，有理有据与之辩驳。尤其在关于禁运物资交涉中，清方称：“禁货条例虽列粮食，然专指运供战军，如供战国民人，即非禁物，况供中立国难民乎？中立国有救吾民之责，有公法行事之权，本非他国所当干预，亦不能因他国过虑干预，遂坐视吾民之饥毙也。”[3]言之真切，救护之心，彰显无遗。但是局限于实力，对于战地国民的救助，清政府仅能维持其最基本的生存需要。从救助的角度来看，清政府在战争期间采取的多方措施，最大程度上维护了国民权益，是值得肯定的；可从给这些国民造成困境的根儿上来看，清政府未能阻止这场以本国领土为战境的非正义战争，这又是清政府的失职和无能。

1　《收北洋大臣文一件：天津海关称辽西居民所需粮煤与禁货有别已饬准运由》（光绪三十年四月初六日），孙学雷、刘家平主编：《国家图书馆藏清代孤本外交档案》，第 40 册，全国图书馆文献缩微复制中心，2005 年，第 17022-17023 页。

2　《收北洋大臣文一件：天津海关称辽西居民所需粮煤与禁货有别已饬准运由》（光绪三十年四月初六日），孙学雷、刘家平主编：《国家图书馆藏清代孤本外交档案》，第 40 册，全国图书馆文献缩微复制中心，2005 年，第 17023 页。

3　《收北洋大臣袁世凯电：为战时禁运事》（光绪三十年十月二十二日），中国第一历史档案馆编：《清代军机处电报档汇编》，第 40 册，中国人民大学出版社，2005 年，第 98 页。

第四节　清政府对战区各地民众的救济

日俄开战后，清政府战地国民的遭遇很悲惨。工部尚书、会办商约大臣吕海寰在给军机处的电报中称："日俄开衅，战地华绅商民，被难凄惨。"[1]不仅"战地村屯多被焚毁击毁，居民误毙者亦不少，日来难民纷纷进省泣诉，惨状不忍听闻"，[2]而且"彼军所到村庄，驱逐人民，抛弃禾稼，牲畜、财产荡然一空，甚至乡无一人，院无一室，徒存闾里之名"。[3]战地国民的悲惨遭遇令清政府官员深感痛惜，纷纷采取积极的行为予以救助。1904 年 5 月 10 日，盛京将军增祺致电外务部和军机处："东边战事人民未受大伤，已饬该道提款赈济，以助耕作。"[4]次日，"安东九连城等处被烧房屋，已饬确查具报，并饬东边道即由道库存款分别拯济……俾免流

1　《收商约大臣吕海寰等电：为救助战地被难华人事》（光绪三十年二月十四日），中国第一历史档案馆编：《清代军机处电报档汇编》，第 39 册，中国人民大学出版社，2005 年，第 190 页。

2　《增祺、廷杰致外务部、军机处电》（光绪三十年九月初九日），辽宁省档案馆编：《日俄战争档案史料》，辽宁古籍出版社，1995 年，第 216 页。

3　《金州协领英麟给增祺禀》（光绪三十一年二月二十二日），辽宁省档案馆编：《日俄战争档案史料》，辽宁古籍出版社，1995 年，第 217 页。

4　《收盛京将军电一件：东边战事人民未受大伤已饬赈济由》（光绪三十年三月二十五日），孙学雷、刘家平主编：《国家图书馆藏清代孤本外交档案》，第 39 册，全国图书馆文献缩微复制中心，2005 年，第 16596 页。

离。”[1]1904年5月15日，东海关道何彦昇亦称，已与日本交涉，“预计俟占青泥洼（大连），准我派船往救难民”。[2]各地官员的禀报及救济努力得到清政府的赞许。1904年5月31日，清政府正式颁布谕令：“被战各处地方百姓流离困苦”，亟须“委员妥为抚恤，以定人心”，且“如需协款，可即陈奏”，[3]表达清政府支持开展救助战地华民工作。随后，各地相关官员纷纷展开救助工作。

一、调拨物资款项，扩大赈济范围

救济工作的展开必须与战场国民受损状况的调查相结合，否则就不清楚到底要拨付多少财政款银。盛京将军增祺禀报称：“难民妥为抚恤”“惟两军相持之处，时有小战……俟时局稍稳，即将被难户口切实查明，奏请拨款赈恤抚”。[4]此后，清政府东北各县针对战区内各地国民的受损情况，开始造册登记。1904年12月，哈尔滨关道【此处或许有误，哈尔滨关道又称滨江关道、哈尔滨道台府，设立于1905年10月，首任道员（代理）为杜学瀛。——编者注】呈报军

1　《收盛京将军电一件：安东九连城被烧房屋已饬拯济由》（光绪三十年三月二十六日），孙学雷、刘家平主编：《国家图书馆藏清代孤本外交档案》，第39册，全国图书馆文献缩微复制中心，2005年，第16597页。

2　《收东海关道电一件：现商日领俟占青泥洼后派船往救难民由》（光绪三十年四月初一日），孙学雷、刘家平主编：《国家图书馆藏清代孤本外交档案》，第39册，全国图书馆文献缩微复制中心，2005年，第16598页。

3　《发盛京将军电一件：抚恤难民如需协与即可陈奏由》（光绪三十年四月十七日），孙学雷、刘家平主编：《国家图书馆藏清代孤本外交档案》，第39册，全国图书馆文献缩微复制中心，2005年，第16600页。

4　《收盛京将军增祺、奉天府尹廷杰电：为抚恤难民等事》（光绪三十年四月二十日），中国第一历史档案馆编：《清代军机处电报档汇编》，第39册，中国人民大学出版社，2005年，第270—271页。

机处，称“道属各处被俄军打死华民八名，抢掠财物，烧毁房屋，价值达羌钱七万五千余吊”。[1]另外，据盖平县禀报：“县境内凡日俄战争经过地方，受害二百一十四村屯，五千二百六十七户，被俄军占地毁苗四万三千六百余饷（似应为垧，东北地区一垧一般合一公顷，也就是十五市亩。——编者注），毁坏房屋一百七十三间，砍伐树林二万八千余株，价值银六十四万二千余两。”[2]1905年3月，“退至奉天小北门的俄军，放火烧毁八王祠（大法寺），造成损失约银六百三十余万两”，在“通州叶赫站、赫尔苏站等地，当地居民逃避一空，农田荒芜，财产被掠殆尽。仅叶赫、赫尔苏两站就损失达一百二十四万余吊”。[3]

诸如此类的损失报告仍有很多，损失的数目也非常大，绝不仅限于文章所提的数量。从各地纷纷呈报的受损数目看，清政府需处理的救济事项难度很大。1905年1月18日，清政府命户部拨帑银三十万两赈抚奉省难民；[4]3月7日，再命户部拨银三十万两赈抚东三省难民。[5]平心而论，清政府拨付的款项殊为可观，体现抚恤之意，但如果将赈银分配到战区各地，便显得杯水车薪。更何况，清政府赈济的是属战争

1 李鸿文、张本政主编：《东北大事记（1840—1949）》上卷，吉林文史出版社，1987年，第317页。

2 李鸿文、张本政主编：《东北大事记（1840—1949）》上卷，吉林文史出版社，1987年，第318页。

3 李鸿文、张本政主编：《东北大事记（1840—1949）》上卷，吉林文史出版社，1987年，第319—320页。

4 李鸿文、张本政主编：《东北大事记（1840—1949）》上卷，吉林文史出版社，1987年，第318页。

5 李鸿文、张本政主编：《东北大事记（1840—1949）》上卷，吉林文史出版社，1987年，第319页。

状态下的民众，与平常的赈济有大不同，面临的困难更多。

如1904年6月8日，北洋大臣袁世凯向军机处禀称："因东边难民甚众，曾由救济款项下拨日洋一万元，由日商兑交东边张道锡銮（张锡銮，时任奉天东边道兼东边税务处监督。——编者注）查放"，但因"金州战事正殷，由津沪拨款恐难迳达"。所以，"由赈济局垫拨日洋一万五千元，仍兑交张道就近派员前往散放"。[1]就该事件而言，清政府所下拨的救济款银未能直接到达战区官员手中，原因是运经战区的款银可能遭交战国军队劫持，所以清政府即使拨付款银也很难抵达战区。因此，清官员采取的措施是，一方面由公信力较好的外国商人把款银代为转交战区内的清政府官员，另一方面则是由当地赈济局或官府先行垫付支出，再由清政府补发。

那如果出现战境的赈济局或官府无力预先垫付赈济款项的情况，怎么办？清政府官员采取的办法是"绅商醵资"，[2]在官绅和商人中筹集救济款项。但是，因为处在战区之内，民生维艰，当地官员能筹到的款项数目有限，远不能满足所需。更重要的是，战地内民众生产和生活的物资极为紧俏，清政府虽然鼓励外商运送货物进战境，但杯水车薪，一些商民借机高价出售所运物资，让已经饱受摧残的战区民众根本无力购买。那些已经穷至绝境的民众，亟须清政府筹集大量

1　《收北洋大臣袁世凯电：为赈济金州难民事》（光绪三十年四月二十五日），中国第一历史档案馆编：《清代军机处电报档汇编》，第39册，中国人民大学出版社，2005年，第277页。

2　《救济奉省被难各地华民案》，孙学雷、刘家平主编：《国家图书馆藏清代孤本外交档案》，第39册，全国图书馆文献缩微复制中心，2005年，第16627页。

物资，用以无偿赈济。然而，维持东北民众生存所需的米粮、衣物等生活必需品，属于日俄两国禁货，如何将这些物资安全运送到战地民众之手，这是困扰清政府的大问题，如北洋大臣袁世凯说："日俄借境构兵，华民无辜受累，华官无力保全，已觉愧对，如不设法赈济，何以临对？"[1]况且，"查局外公法，由局外运粮赴战地接济军需乃为禁物，如在战地运行及运往局外，均不以禁物论。"[2]

从表面来看，日俄两国都不阻止清政府赈济难民，但都以担心清政府的赈济物资有资敌的可能而加以严格限制。可是东北战区民众已经是水深火热，如再不施救，将很难生存。面对这种紧急情况，有部分清政府官员干脆提议："为火车揽载起见，尽可不理俄员出示禁运"，[3]直接用火车运输物资抵达战区。或者，"照会俄员，按公法理论，一面饬商民联名向俄员诉请弛禁，或商嘱洋商出头包揽"等方案。[4]这些方案，都不能算稳妥。

为解决问题，清政府与日俄两国展开了一系列交涉，到1904年11月20日，终于达成目标。其中，"俄使函称，本

1　《收北洋大臣袁世凯电：为赈济战区难民事》（光绪三十年十月十六日），中国第一历史档案馆编：《清代军机处电报档汇编》，第40册，中国人民大学出版社，2005年，第89页。

2　《收北洋大臣袁世凯电：为战地禁运事》（光绪三十年四月二十五日），中国第一历史档案馆编：《清代军机处电报档汇编》，第39册，中国人民大学出版社，2005年，第276页。

3　《收北洋大臣袁世凯电：为战地禁运事》（光绪三十年四月二十五日），中国第一历史档案馆编：《清代军机处电报档汇编》，第39册，中国人民大学出版社，2005年，第276页。

4　《收北洋大臣袁世凯电：为战地禁运事》（光绪三十年四月二十五日），中国第一历史档案馆编：《清代军机处电报档汇编》，第39册，中国人民大学出版社，2005年，第276页。

国统帅已允”，但救济物资需“照填写实数，分拨转送”，[1]清政府表示接受并执行。同时，清政府也饬令驻日大使杨枢“迅商日外部请电达前敌军官，请勿阻救济物资”。交涉后，日方也允为放行。为防意外，清政府在各“所运米车，均插小旗，标明赈粮，请勿猜疑等语”。[2]经此，运赴战境的救济物资才得以成行。

然而，清政府运送的赈济物资，仍远不敷所需。盛京副都统钮楞额、盛京户部侍郎溥廷向军机处禀报：“俄前敌所在将人民全行驱之来省，络绎不绝，（盛京将军公署）按日由赈济局给账已有两万余人，率亲友者，数倍于此，则省会一城，骤加无数人口，粮石、柴薪、房屋在此缺乏。”[3]难民纷纷逃至奉天城，造成这里供应压力骤增，且情况仍在加剧，如盛京将军增祺、奉天府尹廷杰向军机处禀报的那样：“难民纷纷入城，日以千数百计，均筹备房屋。饥者食之，寒者衣之，现已积至三万口，而资遣及有亲友可投者，尚不在内。”[4]“现在难民日众，微特房屋有人满之患，即粮草

1　《收北洋大臣袁世凯电：为赈济战区灾民事》（光绪三十年十月十六日），中国第一历史档案馆编：《清代军机处电报档汇编》，第 40 册，中国人民大学出版社，2005 年，第 89 页。

2　《发出使日本大臣杨枢电：为运粮赈灾事》（光绪三十年十月十四日），中国第一历史档案馆编：《清代军机处电报档汇编》，第 38 册，中国人民大学出版社，2005 年，第 362 页。

3　《收盛京副都统钮楞额、盛京户部侍郎溥廷电：为筹赈务事》（光绪三十年九月二十九日），中国第一历史档案馆编：《清代军机处电报档汇编》，第 40 册，中国人民大学出版社，2005 年，第 74 页。

4　《收盛京将军增祺、奉天府尹廷杰电：为赈济难民等事》（光绪三十年十一月二十一日），中国第一历史档案馆编：《清代军机处电报档汇编》，第 40 册，中国人民大学出版社，2005 年，第 131—132 页。

亦有不继之虞。”[1]奉天的粮食、衣物、房屋都很缺乏，局势已经相当严重。对此，清政府一方面派员“分赴各处购粮，又于新民府酌设筹济分局，并制办棉衣，并分电各省督抚筹济”。[2]另一方面，组织“文武各官品级一律准捐，并恳请原无是官者，亦准收捐，分处设局，广为劝募，以二百万两为止”。[3]通过这样的措施，试图努力解决赈济物资不足的问题。

清政府不仅依靠物资派发进行赈济，还推出减免战区民众赋税的措施。1904 年 6 月 25 日，清政府宣布“免除江省光绪二十五年以前的民欠钱粮”。[4]这些钱粮多属坏账，已难以收回。1904 年 10 月，清政府又将“在复州等处被灾各户，均恩免征本年钱粮”，同时宣布“金州租界外积金社等村屯，如查有已被兵燹各户，本年钱粮一律免征”。[5]1904 年 11 月 11 日，清政府再将减免赋税的范围扩至凤凰等州县，“凡已

1 《奉天筹济总局为知会送往西丰县难民数目事给奉天督辕粮饷处移》（光绪三十年十一月三十日），辽宁省档案馆编：《日俄战争档案史料》，辽宁古籍出版社，1995 年，第 502 页。

2 《收盛京副都统钮楞额、盛京户部侍郎溥廷电：为筹赈务事》（光绪三十年九月二十九日），中国第一历史档案馆编：《清代军机处电报档汇编》，第 40 册，中国人民大学出版社，2005 年，第 74 页。

3 《收盛京将军增祺、奉天府尹廷杰电：为赈济难民等事》（光绪三十年十一月二十一日），中国第一历史档案馆编：《清代军机处电报档汇编》，第 40 册，中国人民大学出版社，2005 年，第 132 页。

4 李鸿文、张本政主编：《东北大事记（1840—1949）》上卷，吉林文史出版社，1987 年，第 314 页。

5 《收盛京将军电奏一件：请免金州钱粮由》（光绪三十年九月二十三日），孙学雷、刘家平主编：《国家图书馆藏清代孤本外交档案》，第 39 册，全国图书馆文献缩微复制中心，2005 年，第 16637 页。

被战事及兵队蹂躏之户，本年钱粮先行概予豁免”。[1] 26日，清政府再谕令将“安东、凤凰、复州、盖平、海城、辽阳、承德、兴仁各厅州县及岫岩、宽甸、怀仁、辑安、通化、兴京等处，或已被战事经过地方，或兵队往来驻扎，蹂躏之户本年钱粮概予豁免”。[2]

通过以上种种措施，清政府综合运用各方面的措施，使东北战地遭遇困难的国民得到一定的救助。

二、 创设救助机构以利于救济

如前所述，为维持对战地国民的赈济，清政府在物资供应上做了较多努力。可是，这些赈济物资如何顺利、安全地交到战地国民手中，这是又一个必须要解决的问题。1904年8月21日，盛京将军增祺等向朝廷奏请：“日俄开战，奉省适当其冲，所有战事经过地方商民无不废时失业，当经饬令各该地方官详查分别赈抚，以免流离。”[3]清政府决定除组织官员派发赈济物资外，还通过广设筹济局，筹集物资派给难民。

1904年9月14日，盛京将军增祺在各处布贴告示，告知难民“在省城大西关育婴堂前院设立筹济局一所，专办救

1 《收盛京将军文一件：战地豁免钱粮事抄呈电奏由》（光绪三十年十月初五日），孙学雷、刘家平主编：《国家图书馆藏清代孤本外交档案》，第39册，全国图书馆文献缩微复制中心，2005年，第16645页。

2 《盛京户部为奏准豁免日俄战事被灾地方钱粮事给复州城守尉扎》（光绪三十年十月二十日），辽宁省档案馆编：《日俄战争档案史料》，辽宁古籍出版社，1995年，第483页。

3 《增祺等为筹办日俄战事经过地方赈抚情形请饬部拨款奏折》（光绪三十年七月十一日），辽宁省档案馆编：《日俄战争档案史料》，辽宁古籍出版社，1995年，第483页。

济难民事宜”。[1]救济范围包括“所有各城客、民、工、役被难流离无力还乡者，准其来局投报”。“无有依靠无所栖止者，准其赴局报道，由员司查明被难情形设法安置，并粥厂每日照人丁之大小分报发两次，以免饥饿”。[2]增祺还饬令省城各店主，“其有来城觅店居住者，该各店须照常接待，勿得拦阻，并干严究”，倾尽全力救助被难民。

但是，阻碍救济的最大问题还是物资的缺乏，“现在战事日迫，东南西北各路难民纷纷至省，日数千人，虽经设立筹济局，派员分别设法赈抚……可省垣存粮无多，深恐不敷散放”。[3]而且，“奉省适当其冲，所有东南各属及附近省城一带，或为大战已过，或为兵队云屯，小民荡析离居，哀鸿遍野”。即使“就近赈抚，而地广人众，究属杯水车薪”。[4]物资短缺不敷使用，已经成为困扰筹济局的最大难题。

为解决该问题，清政府一方面命令“各地方预为筹备，以资接济”，另一方面办理“由锦购妥粮数千石……雇民车

1　《奉天筹济总局为奉扎设局并救济难民事宜晓谕》（光绪三十年八月初十日），辽宁省档案馆编：《日俄战争档案史料》，辽宁古籍出版社，1995年，第476页。

2　《奉天筹济总局为奉扎设局并救济难民事宜晓谕》（光绪三十年八月初十日），辽宁省档案馆编：《日俄战争档案史料》，辽宁古籍出版社，1995年，第476页。

3　《增祺、廷杰为省中难民过多分饬西路各州县采买红粮小米以备接济事扎》（光绪三十年八月十六日），辽宁省档案馆编：《日俄战争档案史料》，辽宁古籍出版社，1995年，第477页。

4　《增祺、廷杰为各省电拨赈款数目事给奉天督辕粮饷处扎》（光绪三十年十月十六日），辽宁省档案馆编：《日俄战争档案史料》，辽宁古籍出版社，1995年，第481页。

分批运省”。[1]但是，这些救助物资数量有限，对问题的解决帮助不大。这些救助物资即使能稍稍缓解物资紧缺的状况，但是战事持久，“冬赈春抚需款甚多，尤虑后难为继”。[2]驻俄公使胡惟德感叹，战地民众无辜受难，原已“情殊可悯”，若被收留后，仍“饥民嗷嗷”，未免有损清之国体。[3]为解决该问题，盛京将军增祺做了大量的赈济努力。[4]在解决方法上，增祺除“奏请赏援恩帑外”，还特别分别致电全国各省督抚，“宏济众之施，慨助巨款，电汇来奉”。很快奉天督辕粮饷处收到各省汇来的赈银二十一万两。[5]此外，奉天当局还加紧对难民身份的甄别，“严禁非贫苦之家冒领粥票”“有无耻之徒，家非赤贫，颇可自赡，而冒领难民粥票，甚或取巧重领，或将票转售他人，因之取利”，定予严办。[6]

清政府筹济局的种种努力，对缓解赈济物资的缺乏起到

1 《怀仁县知县高喧阳、新民府知府增韫为呈报办理由锦购粮往新运粮事给增祺、廷杰禀》（光绪三十年九月十六日），辽宁省档案馆编：《日俄战争档案史料》，辽宁古籍出版社，1995 年，第 479 页。

2 《增祺、廷杰为各省电拨赈款数目事给奉天督辕粮饷处扎》（光绪三十年十月十六日），辽宁省档案馆编：《日俄战争档案史料》，辽宁古籍出版社，1995 年，第 482 页。

3 《收驻俄大臣电一件：资遣难民准作正开销由》（光绪三十年四月初二日），孙学雷、刘家平主编：《国家图书馆藏清代孤本外交档案》，第 39 册，全国图书馆文献缩微复制中心，2005 年，第 16599 页。

4 苏全有、李惠：《增祺与日俄战争前后的兵灾赈济》，《大连大学学报》，2008 年 10 月，第 5 期。

5 《增祺、廷杰为各省电拨赈款数目事给奉天督辕粮饷处扎》（光绪三十年十月十六日），辽宁省档案馆编：《日俄战争档案史料》，辽宁古籍出版社，1995 年，第 482-483 页。

6 《奉天筹济总局为严禁非贫苦之家冒领粥票的晓谕》（光绪三十年十月十六日），辽宁省档案馆编：《日俄战争档案史料》，辽宁古籍出版社，1995 年，第 483 页。

了很大的帮助。筹济局的赈抚范围也愈益扩大，以至于医治伤病难民的事，也被列为赈抚工作。筹济局公告称："尔难民为无可依靠者，尽可随时来局报明……如有受伤患病等情，亦准随时来局投报，由本局送往医院施治。"[1]"而收埋枯骨，不使臭味熏蒸，致成万疫，尤为先事预防要著。至烧毁房间，查明间数，酌给房租。杀伤人民，查明人数，死无棺椁者给殓埋，伤者给医药"。[2]1904 年 11 月 28 日，筹济局向增祺禀称："兹自九月初一起至月底止，共赈济难民男女大小叁拾伍万柒仟柒百壹拾壹口""合八九两个月统共赈济难民男女大小肆拾壹万肆仟玖佰壹拾叁口。"[3]在整个日俄兵灾赈济过程中，筹济局事无巨细，"尽心尽力，事必躬亲"，[4]为难民救济工作发挥了重要作用。

清政府不仅开设筹济局，而且在其旗下广设粥厂，解决难民最基本的吃饭问题。筹济局专门发布公告："如无依靠，来（筹济）局报明；设立粥厂，度日全生。"[5]粥厂每日照

1　《奉天筹济总局为传知救济并医治伤病难民事的晓谕》（光绪三十年九月初八日），辽宁省档案馆编：《日俄战争档案史料》，辽宁古籍出版社，1995 年，第 478 页。

2　《增祺为饬据郑鸿勋等禀报赈抚灾民等情形事给奉天善后总局扎》（光绪三十年十月二十五日），辽宁省档案馆编：《日俄战争档案史料》，辽宁古籍出版社，1995 年，第 486 页。

3　《增祺为据筹济局报八九月赈济难民和用过粮米数目事给奉天督辕粮饷处扎》（光绪三十年十月二十二日），辽宁省档案馆编：《日俄战争档案史料》，辽宁古籍出版社，1995 年，第 485—486 页。

4　《增祺为据筹济局报八九月赈济难民和用过粮米数目事给奉天督辕粮饷处扎》（光绪三十年十月二十二日），辽宁省档案馆编：《日俄战争档案史料》，辽宁古籍出版社，1995 年，第 486 页。

5　《奉天筹济总局为传知救济并医治伤病难民事的晓谕》（光绪三十年九月初八日），辽宁省档案馆编：《日俄战争档案史料》，辽宁古籍出版社，1995 年，第 478 页。

人丁长幼，分别派发两次。同时，增祺告诫监粥官员“各宜勤慎，粥要调匀，水源洁净”，[1]以确保卫生。一般而言，清政府在省城附近各处宽备房屋，分别施放粥米，或于难民聚居处，“改设粥厂，计大小口匀配，每口授米一斤，煮粥分食”。[2]但如筹济分局禀报所说，粥厂“在初设时人数无多，原可发米大口日给新斗米三合、秫杆三四把，小口减半。嗣后愈益愈多”，惟有将其他房屋“亦应改设粥厂，每日散放二次，且只准本人在厂就食，不准领回，致滋冒滥”。[3]如果粥厂粮米缺乏，筹济局也会派发铜钱，“按照人数，每口发给口食铜钱”，以作补偿。[4]

除开设筹济局、粥厂外，清政府官员还联合地方商绅、传教士创设医院及红十字会，医治和收容患病难民。[5]1904年2月9日，日俄战争的爆发让难民们已经苦不堪言的生活雪上加霜，纷纷四散逃难。碍于中立的清政府，为防引起冲突，不敢深入战区施行救济，只有得到交战双方的共同认可而具有独立、中立属性的红十字组织才能深入战区实施救

1　《奉天筹济总局抄呈各难民住所张贴之晓谕》（光绪三十年九月十八日），辽宁省档案馆编:《日俄战争档案史料》，辽宁古籍出版社，1995 年，第 480 页。

2　《奉天筹济总局为知照七八九月领到银钞数目事给奉天督辕粮饷处移》（光绪三十年十一月初一日），辽宁省档案馆编:《日俄战争档案史料》，辽宁古籍出版社，1995 年，第 492 页。

3　《增韫等为呈报筹济难民情形及其章程事宜给增祺、廷杰禀》（光绪三十年十一月初六日），辽宁省档案馆编:《日俄战争档案史料》，辽宁古籍出版社，1995 年，第 495-496 页。

4　《奉天筹济总局为知照七八九月领到银钞数目事给奉天督辕粮饷处移》（光绪三十年十一月初一日），辽宁省档案馆编:《日俄战争档案史料》，辽宁古籍出版社，1995 年，第 492 页。

5　参见邱广军:《日俄战争期间传教士的难民救济活动》，《吉林师范大学学报》，2012 年，第 1 期。

援。[1]鉴于此，上海记名海关道沈敦和、直隶候补道施则敬和四川川东道任锡汾等奔走联络，决定“拟援万国红十字会例，力筹赈救北方被难民人之策”。[2]沈敦和等人的号召得到国内各地许多绅商的支持。1904 年 3 月 3 日，沈敦和邀请商绅二十余人于上海英租界六马路仁济堂，发起建立“东三省红十字普济善会”。该善会的救济宗旨是“无论南北方人，务先举命速离危地，以避大难”，所救济难民要求“极周至以军务平静为止”；所有救济人员于“衣服左袂，缀有红十字会旗式，以便行军一望而知”。善会分别照会日俄两国，“会所之处与两国行军无碍，两国不得在此界线限内互施炮火”“所救济绅民妇孺，不得无故拦阻”“遇救诸人，无论在舟在车，男女必分别，老幼必扶持，不得稍有逾越，以示慎恤”。[3]

东省普济善会的成立体现了国人对东三省受难同胞的关怀，特别值得肯定。以国际红十字会为模板成立的东三省红十字普济善会，也力图模仿国际红十字会的运作方式来救济东三省难民。但尽管被称为“善会”，该救济组织仍不是真正意义上的红十字会，它带有浓重的中国传统文化色彩，更没有得到交战国的认可，也就很难取得与国际红十字一样的权利。[4]所以，东省普济善会仍不能深入战区救济，但这个

1 参见池子华：《上海万国红十字会救济日俄战灾述论》，《清史研究》，2005 年，第 2 期。

2 《普济群生》（光绪三十年正月十一日），《申报》，1904 年 3 月 11 日。

3 《东三省红十字普济善会章程并启》（光绪三十年正月十七日），《申报》，1904 年 3 月 3 日。

4 杨智芳、周秋光：《论中国红十字会的起源》，《湖南师范大学社会科学学报》，2006 年，第 4 期，第 116 页。

时候战区内的难民已“势成饿殍”，救济刻不能缓。为此，以沈敦和等为首的官员决定联合英国著名传教士李提摩太等成立真正意义上的红十字会。在李提摩太的多方奔走努力下，1904 年 3 月 10 日，中、英、法、德、美五国代表于上海工部局内正式成立了“中国红十字会”。“红十字会之用意系拯救被难人民与夫被难士兵”。“中国红十字会”在东三省设立分局，“分局之意，首在筹款。所筹之款并非交予俄人日人使用，且将来拯救被难民，不分中外”。关于“中国红十字会”的性质，时任湖广总督张之洞洋务文案、上海创设万国红十字支会会议翻译生施肇基（后任中国国民政府第一任驻美大使）说，中国“所议创设红十字会，系局外之会”，中国政府“恐违反局外之义”“未便与闻”。中国红十字会的设立，不属官方组织，上海“万国公会，不分中外”，专为拯救战地被难华民。[1]

专事人道主义救援的“中国红十字会”很快得到清政府的认可。1904 年 3 月 22 日，北洋大臣袁世凯向清政府谏言，因中国派员进战区实有碍难，然“各国红十字会救死扶伤，洵为战时善举”，希望利用红十字进行此类工作。[2]时任工部尚书兼会办商约大臣吕海寰也认同该看法，他说：“战地华绅商民被难凄惨，亟宜救护，限于两国禁令，惟泰西红十

1 《施君肇基笔译上海创设万国红十字支会会议大旨》（光绪三十年正月二十八日），《申报》，1904 年 3 月 3 日。

2 《收北洋大臣袁世凯函一件：设法拯救旅顺金州一带被难华民由》（光绪三十年二月初六日），孙学雷、刘家平主编：《国家图书馆藏清代孤本外交档案》，第 47 册，全国图书馆文献缩微复制中心，2005 年，第 19893 页。

字会救护，暂得实际。”[1]袁世凯还说：“东西各国所立红十字会，虽为医治病伤军士而设，藉前往战地救济难民，实亦推广善举之办法。”[2]红十字会有权组织人员进入战区施行救助难民之事，这是国际公法承认的。而从道德层面上看，日俄两国也表示认同“产自文明人民间树立之惯例、人道法则与公众良心之要求”的人道主义原则，[3]允许红十字会人员在战区对难民进行救助工作。如此，各方面看来，也只有红十字会最适合对东北战区难民进行救助。所以，当沈敦和等人联合向各界通电请求捐款支持时，光绪帝特别颁发谕旨，称赞“此会医治战地受伤军士，并拯被难人民，实称善举。现经中国官绅筹款前往开办，深惬朝廷轸恤之怀”。[4]光绪皇帝还即下旨赠予“中国红十字会”白银十万两。1904 年 3 月 25 日，清政府商部也决定对“红十字会免收（电）报费”，以力所能及的方式提供资助。[5]

1904 年 4 月 6 日，上海万国红十字会在中国东三省营口设立第一个红十字分会。[6]此后，商约大臣吕海寰也采取行动，

1 《收商约大臣吕海寰等电：为救助战地被难华人事》（光绪三十年二月十四日），中国第一历史档案馆编：《清代军机处电报档汇编》，第 39 册，中国人民大学出版社，2005 年，第 190 页。

2 《发北洋大臣信一件：希妥筹红十字会事并安排难民由》（光绪三十年二月初一日），孙学雷、刘家平主编：《国家图书馆藏清代孤本外交档案》，第 37 册，全国图书馆文献缩微复制中心，2005 年，第 15509—15510 页。

3 ［英］劳特派特修订，王铁崖、陈体强译：《奥本海国际法》下卷，第一分册，商务印书馆，1989 年，第 257 页。

4 中华书局编：《清实录》，第 59 册，中华书局，1987 年，第 46 页。

5 《收商部片一件：录抄电上海吴侍郎赈济一事亦一律照红十字会免收电费由》（光绪三十年二月初九日），孙学雷、刘家平主编：《国家图书馆藏清代孤本外交档案》，第 47 册，全国图书馆文献缩微复制中心，2005 年，第 19901 页。

6 周秋光、曾桂林著：《中国慈善简史》，人民出版社，2005 年，第 251 页。

在上海，他组织“官绅商富”进行捐助，且明确“首重医疗，沪已购运药物先至营口设立大医院，即兼办救护事宜”。[1] 在多方协助下，上海万国红十字会很快便在战区展开工作，并取得一定的成效。上海万国红十字会禀报称，“奉省此次兵灾情形糜重”“分会会员于援救出险，难民留养资遣外……妥筹赈济，并赶办二万余套（衣服），分运散放”。[2] 1905年2月4日，清政府再电饬南洋大臣周馥等转电上海万国红十字会，“速拨巨款前往奉省，会同地方官广施赈济，以全民命”。上海万国红十字会接令后，立即增派邓笠航、谢文虎等人前往东省，协助营口分会筹办救济事宜。经过协商后，在沈阳小西关设立了上海万国红十字会东三省协赈总局，负责东省三十七处地区的放赈事宜。[3]

上海万国红十字会的成立有利于救援人员深入战区施行救治，但仍有部分区域即使是红十字救援人员都不能进入，就如盛京将军增祺禀报所说：“当此灾黎遍野之时，两战国概不允该会（红十字会）深入战地”“嗣以医院救护等事非深入战地切实办理，不能惠及灾民，节经上海总会及等电商暨派员面商两战国，日则婉辞，俄则直阻，是辽东各医院均

1　《收商约大臣吕海寰等电：为救助战地被难华人事》（光绪三十年二月十四日），中国第一历史档案馆编：《清代军机处电报档汇编》，第39册，中国人民大学出版社，2005年，第191页。

2　《收商约大臣吕海寰盛、宣怀南洋大臣周馥、电政大臣吴重熹电：为上海红十字会拨款往奉等事》（光绪三十一年正月初一日），中国第一历史档案馆编：《清代军机处电报档汇编》，第40册，中国人民大学出版社，2005年，第205页。

3　周秋光、曾桂林著：《中国慈善简史》，人民出版社，2005年，第254页。

未能办理得手”。[1]多次交涉无效后，增祺痛呼：“职等目睹灾民惨苦情形”[2]“斯不能不权宜办理，拯之于水火之中”。[3]在这种情形下，清方提出“适有英国吴医生，以中外十字会托其在辽代办”的赈济方案，希望能借此进入战区，但俄国表示拒绝。无奈之下，增祺等只好作出决定，以英国吴医生为幌子，“拟在城中设立英国医院，名为英国之医院，实办红十字会之事，使俄国不能阻止”。清方“现已择定城内街中租赁大房一所，设立医院，名曰英华同善会”，且“院内红十字之款归吴医生给发，招集流亡之款即由赈款筹给”。[4]

按照情理来说，医院属于救助病人的地方，俄方却一再拒绝清政府的人道主义要求，实属蛮横无理。对此，清政府只好使出上述“明修栈道暗度陈仓”的方案，希望借红十字会的中立地位及英国的影响力，逼迫俄方退让，从而达成救助难民的目的。从实际执行情况看，“暗度陈仓”的效果不错，如增祺所说：“自设会以来，招集流亡已千数百人，治病医

1 《增祺等密陈联络上海红十字会及北洋大臣办理灾民事宜片》（光绪三十年九月十一日），辽宁省档案馆编：《日俄战争档案史料》，辽宁古籍出版社，1995 年，第 478 页。

2 《增祺为饬据郑鸿勋等禀报赈抚灾民等情形事给奉天善后总局札》（光绪三十年十月二十五日），辽宁省档案馆编：《日俄战争档案史料》，辽宁古籍出版社，1995 年，第 486—487 页。

3 《增祺等密陈联络上海红十字会及北洋大臣办理灾民事宜片》（光绪三十年九月十一日），辽宁省档案馆编：《日俄战争档案史料》，辽宁古籍出版社，1995 年，第 478 页。

4 《增祺等密陈联络上海红十字会及北洋大臣办理灾民事宜片》（光绪三十年九月十一日），辽宁省档案馆编：《日俄战争档案史料》，辽宁古籍出版社，1995 年，第 478-479 页。

伤亦数百人”“即日本见此，亦颂义举”。[1]此后，清政府多次仿效这种模式，“创设医院，以示拯济”。

概而述之，清政府在日俄战争期间综合运用了各种措施，勉力赈济战区难民。在此期间，清政府既遭遇日俄两军刁难，也遇到了各种实际的挑战，但难能可贵的是，清政府尽最大可能，动用各种可能的资源、财力、物力和外交力量投入战区难民救助工作。不过客观而论，清政府的救济工作还是有较多不完善的地方，赈济的力度及范围都还远远不够，战区难民“饱遭蹂躏，流离失所，穷无所归”[2]的情况还是愈加严重。在赈济难民的过程中，清政府时常遭遇来自日俄两国的阻力，多数情况下未能顶住压力，被迫退让或赈济流于形式也是常有之事。所以，从整体效果看，清政府的赈济工作并不能算成功，但他们为此付出了积极的努力，也取得了一定的成果，这在当时的历史条件下，已经算是能够取得的较好结果了。

1　《增祺为辽阳知州禀报会同英国吴大夫设立同善会招抚难民事给奉天善后总局札》（光绪三十年十月二十五日），辽宁省档案馆编:《日俄战争档案史料》，辽宁古籍出版社，1995 年，第 478 页。

2　《西丰县即补县正堂欧阳朝华等为劝谕商民施助赈粮情形给增祺禀》（光绪三十年十一月初三日），辽宁省档案馆编:《日俄战争档案史料》，辽宁古籍出版社，1995 年，第 493 页。

第四章

清政府对日俄两国的战损索赔交涉

随着战争形势逐渐明朗，日胜俄败之局渐成，清政府中的有识之士开始谋划东三省善后之策，1905 年 5 月，著名的湖南才俊、维新派骨干熊希龄（最辉煌时曾任北洋政府第四任国务总理）上书给自己的父母官湖南巡抚端方，称“即以日俄战争将终，中国宜讨论两国议和后之问题，预备应付之法”。[1]在东三省善后事务中，清政府有诸多问题亟待解决，但当务之急是与日俄两国政府就战损赔偿而进行交涉，正如驻俄公使胡惟德所说：“东三省善后自应筹划，刻尚难着手，惟民受蹂躏，耕牧工商之尽废，人命财产之毁伤，理应索赔。”清政府为此做了诸多努力，也取得了部分的成功。

1　《为日俄战后议和外交进陈方略上端方书》（1905 年 5 月），周秋光编：《熊希龄集》上册，湖南出版社，1996 年，第 93 页。

第一节 清政府索赔的动机与准备

关于清政府战后索赔的动机，学界仅有喻大华的《日俄战后清政府对奉天战争损失的调查述论》一文作出过分析。[1] 该文认为，清政府索赔的真实用意是“拟在未来与日俄进行的东北交涉过程中，将索赔作为讨价还价的砝码，以奉天人民的损失作为换取国际社会同情的一个‘资本’，顺利从战胜国手中收回东三省主权”。[2] 事实上，学界对其关注不多，多源于史料的缺乏。喻文也主要依据的是驻俄大使胡惟德致军机处的密电，特别是其中的这一句：“拟请密饬三将军，凡事关财产民命，随时查明，逐案册记，为异日索偿地步。纵难办到，亦资抵制。”[3] 其中，“纵难办到，亦资抵制”

1 关于“仅有喻大华的《日俄战后清政府对奉天战争损失的调查述论》一文作出分析”的说法，笔者考察已发表的学术期刊和著作，发现对清政府索赔动机进行详细分析的只有喻大华发表于 2006 年的该篇论文。吉林大学吴德卫的硕士论文《日俄战争后清政府对东三省的调查与索赔研究》(吉林大学，2011 年) 对该问题亦有相关阐述。但笔者查阅后认为，其观点与喻文几乎一致，并无新意，故不算在内。

2 喻大华：《日俄战后清政府对奉天战争损失的调查论述》，故宫博物院、国家清史编纂委员会编：《故宫博物院八十华诞暨国际清史学术研讨会论文集》，紫禁城出版社，2006 年，第 229 页。

3 《收出使俄国大臣胡惟德电：为查办财产民命案事》（光绪三十一年三月十一日），中国第一历史档案馆编：《清代军机处电报档汇编》，第 40 册，中国人民大学出版社，2005 年，第 271 页。

乃是支撑喻文分析的关键。

其实，清政府进行索赔的动机当然有借此牵制日俄，以达成从战国手中收回东省主权的目的。时人认为，“今者，俄已战败，固决其无吞并之虞，而日本以独起抗争，劳民伤财，亦岂肯拱手相让？”为防东省“迨其后，或至主权尽失，形式徒存”，借索赔可以压制日本的无度索求。[1]但是，除此之外，笔者认为清政府的索赔还包含有希望为战区难民挽回权益，降低损失的意思。东省总督增祺（此处似有误，东三省总督设立于1907年，首任总督为徐世昌。此时增祺应该仍是盛京将军。——编者注）便明言：“公法所谓战在争理不在灭敌也，至波及局外事更罕闻。”[2]所以依照国际公法，局外国因交战国所造成的损失有向交战国索赔的权利，这是有法理依据的。就向交战国索赔问题来说，战地受损华商属较早关注索赔的群体，战争发生后不久，他们便曾多次要求清政府向战国索赔来维护自身权益。

1904年7月22日，山东商董事等向时任山东巡抚周馥呈报说：“今值日俄两国构难，与我商民无干也，乃口岸封堵，商人之禁约彼处者，既无保护，又无寄托身命财产，两不可保。”惟今“侧闻公法所载，凡局外国之商货财产，寄在战境者，均得开列清单，数目报明该国外部，俟战争完竣

1 《论日俄战局结后中国之危险》（录乙己五月初八日时报），《东方杂志》，第2卷，第7期，第144页。

2 《增祺等致外务部等电》（光绪三十一年正月十五日），辽宁省档案馆编：《日俄战争档案史料》，辽宁古籍出版社，1995年，第216页。

后，由其照单全赔”[1]“今以烟台一埠，计之旅顺等处货物财产约有数百万，而保护全无……于枪弹雨之中，无奈弃其资财”“此数百万资财，沦于战境，毫无归着”。为此，“咨请商部大臣知照战国，按单开总数，保护赔偿”。[2]所呈的战地各口岸商号存放货物清册，货物价值总额达一千一百八十七万八千零七十九两零一分。[3]

为了增强向日俄索赔的说服力，受难华商还查阅了大量的国际法的书籍，逐条列出供清政府官员参考，如“查吴氏（吴尔玺，美国法学家，19世纪六十年代曾任耶鲁大学校长。——编者注）《公法便览》载，（关于）战国与局外交涉之际，其第十节载：凡两国用兵于局外之境，官员财物以及民间不犯军例之生业、财产，务须加意护持，一有疏忽侵扰，即为干犯局外之权利”“又惠氏（惠顿，美国国际法学家。——编者注）《万国公法》，其第三章论战时局外之权，第四章论和约章程，均载有原主讨还，战者交还，法院断令赔偿各

1 《收山东巡抚周馥文一件：战境客栈货物财产应由我战国保护选送清册请商日俄公使一体查照由》（光绪三十年六月初十日），孙学雷、刘家平主编：《国家图书馆藏清代孤本外交档案》，第47册，全国图书馆文献缩微复制中心，2005年，第19613—19614页。

2 《收山东巡抚周馥文一件：战境客栈货物财产应由我战国保护选送清册请商日俄公使一体查照由》（光绪三十年六月初十日），孙学雷、刘家平主编：《国家图书馆藏清代孤本外交档案》，第47册，全国图书馆文献缩微复制中心，2005年，第19615—19616页。

3 《收山东巡抚周馥文一件：附录清册》（光绪三十年六月初十日），孙学雷、刘家平主编：《国家图书馆藏清代孤本外交档案》，第47册，全国图书馆文献缩微复制中心，2005年，第19773页。

专条”。[1]为了保护东北战地民众的权益，清政府自应“钊切申明”，与交战国交涉索赔战地华商损失。

针对受难华商的请求，清政府饬令北洋大臣袁世凯积极应对。袁世凯称：“查陆战公法，占领军不得设法没收私家财产，又当严禁兵士掠夺各等因，系指战国对待敌国之人民而言，至寄居战境之局外人民，其身家财产例归战国保护。故华商在战境内寄顿之财产货物，开单知照战国保护，乃中国应有之权。”[2]清政府与日俄两国交涉保护华民权益，这是清政府自身的责任，但是正如袁世凯所说的那样，“惟要求赔偿一事，洵未易言”“如旅顺陷在重围，为两国炮火交击之地，该处商民产业，苟非先行迁避，自难免于损失，此为战事必至之势，战国可不任咎，我亦无辞索偿”。[3]这表达了清政府比较难就那些因交战国误击，导致货物受损，从而追索的观点。依照传统估计法，清政府“只可揭其没收掠夺及故意损伤者，酌索赔偿。然其如何损害，迄今未知，索赔一节即无从办理”。所以，关于受难华商提出的清政府应向交战国索赔的要求，清政府觉得目前尚缺足够证据，“室

1　《收山东巡抚周馥文一件：战境客栈货物财产应由我战国保护选送清册请商日俄公使一体查照由》（光绪三十年六月初十日），孙学雷、刘家平主编：《国家图书馆藏清代孤本外交档案》，第 47 册，全国图书馆文献缩微复制中心，2005 年，第 19617-19618 页。

2　《收北洋大臣袁世凯函一件：在战地局外人民之财产应归战国保护被难或损失得索赔其未遇兵燹者亦应开单以备两战国日后开议由》（光绪三十年七月初三日），孙学雷、刘家平主编：《国家图书馆藏清代孤本外交档案》，第 47 册，全国图书馆文献缩微复制中心，2005 年，第 19774 页。

3　《收北洋大臣袁世凯函一件：在战地局外人民之财产应归战国保护被难或损失得索赔其未遇兵燹者亦应开单以备两战国日后开议由》（光绪三十年七月初三日），孙学雷、刘家平主编：《国家图书馆藏清代孤本外交档案》，第 47 册，全国图书馆文献缩微复制中心，2005 年，第 19775—19776 页。

碍难行”。但为了安抚被这些华商，清政府也表态：“赔偿一事，俟战局大定，定会再议。”[1]这为日后向战国索赔作了心理准备，袁世凯也要求官员，“大连湾青泥洼两处，前为俄军驻守，现被日军占领，亦应查明占领前后之有无没收、掠夺及故意损伤之举，方可索偿”。

向交战国索赔的想法，清政府其实早已有之。日俄宣战后的第四天，奉天交涉总局就发出公告：“两国开战后，凡战地限内之村屯市镇人民财产，不免冲突，倘有损失，照公法应有战败之国认赔。如有无辜杀伤人民、烧毁房屋、抢掠财物，何国所行之事，应由何国认赔。”[2]从该公告可知，清政府早有向交战国索赔的意思，也已确立向战国索赔的大致方案，即两战国在交战中所造成的损失概由战败国赔偿；而具体到非交战状态下出现的损失，则由何国所为，何国所赔。清政府的索赔方案可以说是比较合理的，但在具体实践中，却难以实现。因为具体到索赔交涉中，清政府必须拿出有说服力的调查证据和数据。没能做到这一点，上述所提案件均遭失败就没什么奇怪的了。经此之后，清政府加强了索赔证据的准备工作开始为索赔做必要的准备。

1905年1月6日，奉天府尹廷杰饬令境内盖平等县长官：“现在日俄战事日行紧迫，所有经过地方、城镇、乡村、人民、房屋、财产，不无波及，损失亟应随时确实，查明人户各有

1　《收北洋大臣袁世凯函一件：在战地局外人民之财产应归战国保护被难或损失得索赔其未遇兵燹者亦应开单以备两战国日后开议由》（光绪三十年七月初三日），孙学雷、刘家平主编：《国家图书馆藏清代孤本外交档案》，第47册，全国图书馆文献缩微复制中心，2005年，第19776页。

2　《奉天交涉总局、督辕营务处为预拟限制战界条章事给奉天督辕文案处移》（光绪二十九年十二月二十七日），辽宁省档案馆编：《日俄战争档案史料》，辽宁古籍出版社，1995年，第91页。

若干，某项各若干，因何致伤，损失逐细造具清册，呈送以凭咨送外务部核办”。[1]廷杰且严令各地，“切勿延误、遗漏，并不得任凭书役，妄生事端”。[2]受难各地在接到饬令后，都迅速造具清册，登记损失，并上交清政府审阅。清政府审阅后对未符合要求的地方官表示了不满，在给这些官员的回复中说，“日俄战事经过地方，损失人命财产等项，迭经扎饬批饬分别造具清册。”可审查“海参崴、平牛庄、熊岳各县尉先后册报、或文册，均不符合，数目诸多错误，或未将某国所毁，分析清楚”。为做到数据准确，盛京将军督辕再次命令各地“均应迅速更正，另造清册，其安东一县多有漏勘之户，亦应统同查勘，一律另行造册”。此外，督辕还点名批评“东北各路以及战事波及之新民、彰武、辽源等各府州县，至今迄未据报”。[3]

负责对外交涉事务的清外务部为使战后索赔工作更顺利，也饬令战区各地官员：“战地内各屯镇被害人民、财产，是系某国占据，某处蹂躏，某村屯死伤人民财产等项各若干，宜速详确清查，分门别类，造具清册。惟须确查有据，不得

1　《盖平县为造送属界被日俄毁禾并房间树株各数清册事给盛京将军衙门详文》（光绪三十年十二月初一日），中国边疆史地研究中心、辽宁省档案馆合编：《东北边疆档案资料选辑》，第 6 册，广西师范大学出版社，2007 年，第 141 页。

2　《盖平县为造送属界被日俄毁禾并房间树株各数清册事给盛京将军衙门详文》（光绪三十年十二月初一日），中国边疆史地研究中心、辽宁省档案馆合编：《东北边疆档案资料选辑》，第 6 册，广西师范大学出版社，2007 年，第 141 页。

3　《盛京将军为将日俄战经过地方损失人命财产造册具报事给各处通饬》（光绪三十一年四月初四日），中国边疆史地研究中心、辽宁省档案馆合编：《东北边疆档案资料选辑》，第 6 册，广西师范大学出版社，2007 年，第 241 页。

含混捏饰”。[1]为使损失登记工作未能达标的地方能够达到要求，盛京将军督辕还煞费苦心，正式颁布详细的登记方案作为范本，如战地“无论旗、民、地方，均归该管地方官会同查明，一手经理。各属分东西南北四区，每区造册一本，以屯名为纲，以花户为目，将损失人命、房屋、银钱、器具、衣饰、牲畜、树株、禾稼、糧石、柴薪各项及每项约价若干，或已赔若干，下短若干，分晰登明，仍于每屯之尾注明各类及各约价总数”。另外，督辕还“随扎发给表式一纸，该各属于收到后立即照式刻印”，按样式登记在案，且每表须“缮具三份”，以备查核。[2]

现今翻阅当时清政府各类电报中存有的损失登记材料，[3]都明确记载了何处为何国所伤，所损价值若何，所为乃何国军队或某人，极为明晰，都是有据可查的。凭借这些材料，与战国交涉索赔应该是具有公信力的。清政府此次对索赔工作的认真筹备，也反映出对索赔工作格外重视。

深度探究清政府索赔的动机时，有一些问题还需要进一步明晰，如学者喻大华所说：自《辛丑条约》后，向被斥为“洋

1　《赵尔巽为熊岳、盖平查报战事损失人命财产数给奉天交涉总局扎》（光绪三十一年八月初一日），辽宁省档案馆编：《日俄战争档案史料》，辽宁古籍出版社，1995 年，第 437 页。

2　《盛京将军为将日俄战经过地方损失人命财产造册具报事给各处通饬》（光绪三十一年四月初四日），中国边疆史地研究中心、辽宁省档案馆合编：《东北边疆档案资料选辑》，第 6 册，广西师范大学出版社，2007 年，第 242—243 页。

3　清政府当时所饬令地方造具的损失调查清册，现今已难以找到，但在当时的电报中仍可以找到一些，如《国家图书馆藏清代孤本外交档案》中的《华商损害赔偿赈抚总案：华商在战地财产保护赔偿案》一文，就有损失登记部分材料，相当详细。另外《东北边疆档案资料选辑》中也有一些关于日俄两军所造成损失的禀报材料，皆注明何国所为，何处所伤，损失若何等，非常明晰。至于更详细的材料，东北各地方志的史料中也有一些，不一一赘述。

人朝廷”[1]的清政府，何故反常充当奉天人民利益的维护者？再者，无论日俄胜负若何，清政府都不握有索赔的主动性。面对贪婪的日俄，清政府不会幼稚到相信战国能赔偿损失。[2]既然如此，清政府为什么还要坚持要求索赔呢？

清政府索赔的动机还是前文提到的那两点，一方面借索赔抵制日俄，以求收复东省主权，另一方面当然也有替受难民众挽回损失之意。1905 年 9 月 22 日，时任盛京将军赵尔巽在给奉天交涉总局的札子中说，“（海城县）统计被俄军误伐三十命，损失财物约估洋银二百零五万五千九百七十四元七角，偿银九千七百六十八元六角外……被日军误伐十六命，损失财物约估洋银九十九万一千七百八十三元一角五分，赔偿洋银一千二百五十一元六角外。”[3]总计日俄两国已赔偿海城县受难民众洋银一万一千零二十元二角。虽然日俄所赔数目很小，但聊胜于无，多少为受难民众挽回了一些利益。况且，这仅是赔款的先期部分，加上后续的赔款，数目还算“可观”。更何况，清政府的追索并不仅止于日俄两国所赔偿的银圆，对其曾所占据的房屋、财货、公私财产等资产也都一并追索。这些资产既属于战争破坏造成的财产损失，也牵涉到东三省地权，对东三省主权归属会造成干扰，所以必须予以追索。凭此观之，清政府以国际法为依仗，向日俄两

1　郅志选注：《猛回头——陈天华、邹容集》，辽宁人民出版社，1994 年，第 14 页。

2　喻大华：《日俄战后清政府对奉天战争损失的调查论述》，故宫博物院、国家清史编纂委员会编：《故宫博物院八十华诞暨国际清史学术研讨会论文集》，紫禁城出版社，2006 年，第 230 页。

3　《赵尔巽为海城县禀报因战损失人命财产数目给奉天交涉总局扎》（光绪三十一年八月二十四日），辽宁省档案馆编：《日俄战争档案史料》，辽宁古籍出版社，1995 年，第 441 页。

国提出战损索赔，既能部分挽回受难华民的损失，又能压制日俄两国的无理要求，在一定程度上有助于收复东三省主权，这是清政府力求在危难的局面中使自己的利益最大化的一种战略考量。

第二节　清政府对沙俄的索赔交涉

清政府与俄交涉索赔是一件艰难的事情，不仅牵扯到国际法的问题，更因两国实力的不对等。依据传统国际法，因战事而造成的损害的赔偿一般由战败国负担。清政府提出的索赔方案中，最主要的也是这一点，日胜俄败，那么两国交战给无辜殃及的中国国民造成的直接损失照例由战败国俄国负担。而对于间接损失，即非因两国直接交战而造成的损失，则何国所为，何国所偿。[1]

一、战时索赔交涉

对俄国的战损索赔交涉，战争期间就已有一些官员在做了。1904 年 10 月 1 日，盛京省学堂官员向上级报告，学堂“去腊被俄兵占住，至本年四月十七日退出”，为此学堂“将俄兵拆毁房间、棚地、门窗、什物等项，案照时值估价”，并移交奉天交涉总局“照会俄（驻盛京代表）武廓米萨尔，照数偿补”。[2]经过双方交涉，俄方派“俄兵二次复估”，且发“草

1　《奉天交涉总局、督辕营务处为预拟限制战界条章事给奉天督辕文案处移》（光绪二十九年十二月二十七日），辽宁省档案馆编：《日俄战争档案史料》，辽宁古籍出版社，1995 年，第 91 页。

2　《盛京省学堂给军督部堂呈》（光绪三十年八月二十二日），辽宁省档案馆编：《日俄战争档案史料》，辽宁古籍出版社，1995 年，第 306 页。

执照一纸，嘱即派员持往学堂查验房间”。后来，再经过中方与俄方派员会查，“共需俄元二万一千九百一十七元八角”。交涉总局查知确切数额后，“照会武廓米萨尔照数偿还”。[1]可是武廓米萨尔对受损财产数额“知会不认”，导致交涉总局“碍难核办”，只有先登记在案，待战后统一索赔。日俄战争期间，俄军此类抵赖不赔的案件非常多。

从索赔机构来看，日俄战争期间的索赔事务，清政府一般饬令奉天交涉总局来完成，如1904年9月22日，奉天西南一带发生俄方破坏案件，俄军“均将田苗蹂躏，谷稗喂马，所有各屯房间均被俄人占驻……所有衣饰、粮草、木器等物尽行烧毁”。清政府饬令交涉总局“照会武廓米萨尔，将拆毁房屋，烧毁粮食、器物，照数估价赔偿”。[2]但是，俄军始终未予置会，案子最终不了了之。

当然，战时奉天交涉总局的索偿努力也不是全告失败，也有部分成果。经过交涉总局的交涉后，俄方也曾多次表示愿“允为赔偿”，[3]而且也有一定的赔偿行为，例如初期“俄军队中闻有附设赔偿局，凡人民向俄索赔，均有派员查勘之举，闻有少数人民领得少数款项”，另外“俄国曾在伊尔库茨克城内设立赔偿专局，且海参崴埠民等，上年业经酌发赔

1　《盛京省学堂给军督部堂呈》（光绪三十年八月二十二日），辽宁省档案馆编：《日俄战争档案史料》，辽宁古籍出版社，1995年，第307页。

2　《增祺、廷杰给奉天交涉总局扎》（光绪三十年八月十三日），辽宁省档案馆编：《日俄战争档案史料》，辽宁古籍出版社，1995年，第356—357页。

3　蒋颂贤主编，贾万德、范广杰副主编：《近代吉林人民革命斗争史》，吉林文史出版社，1992年，第72页。

款”。[1]但是，这样的行为毕竟是少数，而且随着俄军战事的失利，赔偿的事情就彻底无望。另外，因“战事太促，俄军北退”，反而“滋扰更甚，损害亦愈大”，[2]奉天交涉总局为此频繁照会沙俄，可是大多被俄方轻忽置之。如果清政府催逼过紧，俄方常常“以数目多少狡执”或“至今未准照复”为手段，[3]拖延不决。最终，很多对俄战时索偿无从谈起。清政府惟有将有关索赔之事登记在案，待战局已定时再与俄国交涉索偿。

二、战后索赔交涉

关于战后向俄国交涉索赔，清政府事前已有所准备。1905年7月5日，清外务部表示："东省迭遭蹂躏，所有城池、衙署、民命、财产及耕获之失时，工商之辍业，损伤甚巨”，援引“公法，应向战国索偿”；现闻“两战国有议和消息，我应预筹”“以便先行准备”。[4]其后，清政府饬令各地对

1 《奉天全省谘议局为战时向俄方索赔战时损害事给东三省总督锡良呈文附战时俄军损害理由、事项清单及批》（宣统二年五月三十日），中国边疆史地研究中心、辽宁省档案馆合编：《东北边疆档案资料选辑》，第7册，广西师范大学出版社，2007年，第283-284页。

2 《奉天全省谘议局为战时向俄方索赔战时损害事给东三省总督锡良呈文附战时俄军损害理由、事项清单及批》（宣统二年五月三十日），中国边疆史地研究中心、辽宁省档案馆合编：《东北边疆档案资料选辑》，第7册，广西师范大学出版社，2007年，第284页。

3 《王顺存为俄兵践毁地苗请赔偿事给增祺禀》（光绪三十年六月十四日），辽宁省档案馆编：《日俄战争档案史料》，辽宁古籍出版社，1995年，第354页。

4 《外务部为请饬催造日俄战民命财产损失情况以便向交战国索偿事给盛京将军廷杰函》（光绪三十一年六月初三日），中国边疆史地研究中心、辽宁省档案馆合编：《东北边疆档案资料选辑》，第6册，广西师范大学出版社，2007年，第268页。

俄军损害情况进行调查并整理造册。代理辑安县知县吴光国在报呈盛京将军赵尔巽的该县俄军损毁清册中记载："查光绪三十一年八月初旬，突有俄军四百余名自通界窜入卑境，经过之区，扰害难堪"，经"逐区认真确查，除北区一带尚有俄军不时往来，未便勘查外，其余东西两区所有续被俄军损掠财产等项，分别估价若干，已赔下短若干"，均依式"分析清册造具"。[1]清册还详细列举了俄军制造当地华民财产损失的情形，如房屋被损若何、何人财物被掠多少，何处被损毁，都明晰登记在案，总计合银两千九百一十三两二分。[2]通化县知县也在呈送赵尔巽的俄军损失人命财产清册中，报称"光绪三十一年七月二十六七等日，县属东路俄日交战情形"，俄军所造成的损失金额达"七千二百四十两零五钱"。[3]另外，针对奉天交涉总局所备案的清册"仅此一本，不敷存发"的问题，清政府特令各属"依原，详所属八旗被俄军损失、毁坏公所官物，另行补造清册一份"，以备交涉。[4]

1905年8月，日俄双方在美国议和，战局已定。对俄国

1 《署辑安县知县吴光国为报被俄军损毁各项书册事给盛京将军禀文》（光绪三十一年九月初十日），中国边疆史地研究中心、辽宁省档案馆合编：《东北边疆档案资料选辑》，第6册，广西师范大学出版社，2007年，第337页。

2 《署辑安县知县吴光国为报被俄军损毁各项书册事给盛京将军禀文》（光绪三十一年九月初十日），中国边疆史地研究中心、辽宁省档案馆合编：《东北边疆档案资料选辑》，第6册，广西师范大学出版社，2007年，第339-374页。

3 《通化县为造送被俄军损伤人命财产清册事给赵尔巽呈文附清册》（光绪三十一年十月十二日），中国边疆史地研究中心、辽宁省档案馆合编：《东北边疆档案资料选辑》，第6册，广西师范大学出版社，2007年，第420页。

4 《署兴京协领事务防御世福为造送被俄军损坏各项财产清册事给盛京将军赵尔巽呈文附清册》（光绪三十一年十月二十日），中国边疆史地研究中心、辽宁省档案馆合编：《东北边疆档案资料选辑》，第7册，广西师范大学出版社，2007年，第1页。

交涉索赔的问题，也正式提上清政府的议程。1905 年 8 月 1 日，军机处饬令盛京将军赵尔巽："东省战事所有损害民命及公私产业，应向战国索偿……现日俄开议在即，我须设法预为声明，此事不宜稍缓。"[1] 1906 年，奉天当局提交《俄军在奉损毁人命财产合银清单》，正式向俄国提出索赔。根据东省各府厅州县陆续提交的报告，东省各项损失合计银 28056402.99 两，扣除战争期间已交涉赔偿的 221946.487 两，共向俄国索赔 27834456.503 两。[2] 证据面前，沙俄竟罔顾公理，强硬拒绝，"屡有决不赔款之言"[3]"今俄不允输出赔款"，[4] 其蛮横无赖的态度让与俄国交涉索赔事务陷于困局。面对僵局，逐渐失去耐心的受难民众纷纷对政府提出质疑，"此项损害照例能否索偿，俄国是否承认……官府曾否交涉，办法若何，究应何人往索"等。[5] 在强大的舆论压力下，清政府只好重新布置谈判。鉴于对俄索赔交涉司的成立已有一段时间，但效果并不明显，交涉机构的规格也不算高，清政府决

1 《发盛京将军赵尔巽电：为向交战国索偿事》（光绪三十一年七月初一日），中国第一历史档案馆编：《清代军机处电报档汇编》，第 38 册，中国人民大学出版社，2005 年，第 421 页。

2 喻大华：《日俄战后清政府对奉天战争损失的调查论述》，故宫博物院、国家清史编纂委员会编：《故宫博物院八十华诞暨国际清史学术研讨会论文集》，紫禁城出版社，2006 年，第 233 页。

3 《论日本不取俄国赔款之故》，张元济主编：《〈外交报〉汇编》，第 1 册，国家图书馆出版社，2009 年，第 663 页。

4 《收路透电：为日俄议和事》（光绪三十一年七月初六日》，中国第一历史档案馆编：《清代军机处电报档汇编》，第 40 册，中国人民大学出版社，2005 年，第 360 页。

5 《奉天全省谘议局为战时向俄方索赔战时损害事给东三省总督锡良呈文附战时俄军损害理由、事项清单及批》（宣统二年五月三十日），中国边疆史地研究中心、辽宁省档案馆合编：《东北边疆档案资料选辑》，第 7 册，广西师范大学出版社，2007 年，第 282 页。

定“在俄都设局专办其事”，饬令外务部与俄驻京公使璞科第（1905 年 5 月就任。其前任雷萨尔已于 3 月卸任。——编者注）交涉，尽速解决。

1906 年 4 月 17 日，准备妥当的清政府外务部再向俄使提出索赔要求。[1]清方严正提出:“查日俄之战，我国严守中立，交战国即无损害财产之必要，设有损害，当然赔偿，此国际之通例也。”向俄国索偿“关乎本省人民之权利”，[2]清政府必须代之取偿。对此，俄国再次无理拒绝，而且援引日本战后也“不索俄方赔款之例证明”。[3]面对俄国的无赖态度，清政府援引国际法，指出：“中立国一切主权及人民财产被交战国损害，依战时国际法原理，则有原状返还暨赔偿损害二种……就俄军侵害奉省人民财产各事实，证之均有实迹可据，又经随时报告，则要求赔偿系属我国应有之权利。”[4]按照国际公法，清政府向战败国索赔，毫无异议。

但是，俄国依然纠缠“清政府代之索偿”的身份问题而发难，认为清政府代表遭遇损失的华民向俄国索赔，并不恰当。俄方要求被难华民直接前往俄国进行索赔，或“由各团

1　李鸿文、张本政主编：《东北大事记（1840—1949）》上卷，吉林文史出版社，1987 年，第 334 页。

2　《奉天全省谘议局为战时向俄方索赔战时损害事给东三省总督锡良呈文附战时俄军损害理由、事项清单及批》（宣统二年五月三十日），中国边疆史地研究中心、辽宁省档案馆合编：《东北边疆档案资料选辑》，第 7 册，广西师范大学出版社，2007 年，第 281—282 页。

3　《论日本不取俄国赔款之故》，张元济主编：《〈外交报〉汇编》，第 1 册，国家图书馆出版社，2009 年，第 663 页。

4　《奉天全省谘议局为战时向俄方索赔战时损害事给东三省总督锡良呈文附战时俄军损害理由、事项清单及批》（宣统二年五月三十日），中国边疆史地研究中心、辽宁省档案馆合编：《东北边疆档案资料选辑》，第 7 册，广西师范大学出版社，2007 年，第 283 页。

体公举代表，前往控告，至为正当”；如果由清政府代为索偿，俄国不会受理。对于清政府重复提出的交涉请求，俄国公使以“惟不归本署办理为词”，[1]一再推诿。

对此，清政府强硬指出，根据于国际公法，“各国所属人民遇有事件，须呈由本国长官与外国长官交涉，不得径行请求”，也可以说“个人不能与外国政府直接也”。[2]清政府指出个人取偿并不合适，并对俄方限定由个人前往俄国索赔的要求予以批驳。清政府说，“奉省为俄军蹂躏，本非一人之事”，即使前往，“其能取信于外人与否，未可逆料，即使为外人所信，而不通俄情，不明俄语，且于彼国法律，全未了然，亦恐徒劳无功”。若由团体共举代表前往，“即代表赴俄提起诉讼，仍应雇用俄国律师，方得要领”。清政府还列举了受难民众公举代表赴俄索赔而无果的例子，“闻俄军退后，中国人民因受损失，赴俄都控告者不一而足”，前有“山东籍之张德山，因在旅顺损失财产，雇律师控告”；再有“奉省北关外宗室缪肇事氏损失，径行函请俄皇后允将呈词代为转达俄皇帝核办”；还有“潘孝思，自称四城代表往俄京呈索”。可俄国称，“其已逾年限，将原告发还”，不予受理。另外，还有奉化代表刘贯三在哈尔滨驻俄阿穆尔州营务处呈文提请赔偿，俄国却称“未据民人声诉被毁情形，

1 《奉天全省谘议局为战时向俄方索赔战时损害事给东三省总督锡良呈文附战时俄军损害理由、事项清单及批》（宣统二年五月三十日），中国边疆史地研究中心、辽宁省档案馆合编：《东北边疆档案资料选辑》，第 7 册，广西师范大学出版社，2007 年，第 287 页。

2 《奉天全省谘议局为战时向俄方索赔战时损害事给东三省总督锡良呈文附战时俄军损害理由、事项清单及批》（宣统二年五月三十日），中国边疆史地研究中心、辽宁省档案馆合编：《东北边疆档案资料选辑》，第 7 册，广西师范大学出版社，2007 年，第 287 页。

及居民无损失执照”，未予理会。根据上述案例，确实有索赔者个人或团体代表自行到俄国申诉索赔的，但“呈诉者几于无效”。即使俄方受理，能否索偿亦“视律师之得力与否耳，律师得力而又有确被俄军损害之证据”，才有些许希望，但“聘请律师之靡费，与夫往返之川资，何人可以承担？”[1]所以，俄国政府的刁难要求，其实是蛮横无理的。更何况，俄国在战争期间曾经设立赔偿局“专为赔偿华民受损事”，这可以说是“俄国承认赔偿之确证也”。[2]现今俄国拒不赔偿，说明其无赖到已经不顾国家信誉的地步了。

经过清政府有理有据的辩驳，俄国后来承认清政府的交涉资格，但后续的交涉也愈加艰难，如时任东三省总督（1907年4月20日，清廷以“东三省吏治因循，民生困苦，亟应认真整顿，以除积弊而专责成”为由，谕令改盛京将军为东三省总督，兼管三省将军、奉天巡抚事。——编者注）赵尔巽所说，“日俄之战，俄军损害东省人民财产，理应索偿。”可是俄国均以“不归本署处理推诿，虽经交涉司一再催驳，皆无效果”。[3]俄国希望通过拖延了事，后来经清政府交涉局的多次照会，索赔交涉才得以重启。针对俄方时常声称中

1 《奉天全省谘议局为战时向俄方索赔战时损害事给东三省总督锡良呈文附战时俄军损害理由、事项清单及批》（宣统二年五月三十日），中国边疆史地研究中心、辽宁省档案馆合编：《东北边疆档案资料选辑》，第7册，广西师范大学出版社，2007年，第287—289页。

2 《奉天全省谘议局为战时向俄方索赔战时损害事给东三省总督锡良呈文附战时俄军损害理由、事项清单及批》（宣统二年五月三十日），中国边疆史地研究中心、辽宁省档案馆合编：《东北边疆档案资料选辑》，第7册，广西师范大学出版社，2007年，第284页。

3 《东三省总督赵尔巽等为向俄方索赔战时损害事给奉天交涉司檄文》（宣统二年九月八日），中国边疆史地研究中心、辽宁省档案馆合编：《东北边疆档案资料选辑》，第7册，广西师范大学出版社，2007年，第290页。

方所报战损数目不实的情况，清政府再次面商俄国领事，说："以索偿数目疑与，可由两国共派专员，会同就地查勘核办，再行开议"，俄使又以"未接该国外务省复示"，交涉又被拖延。[1]

总之，拖沓不决成为俄方惯常的手段，"沙俄或以拖延搪塞，或者置之不理，无赖已极"。[2]就这样，奉天交涉总局对俄发起的索赔交涉，被俄以种种手段，多方干扰、推诿，竟然延至1910年仍未解决。交涉案中最典型的就是清政府就"海参崴华民被灾一案"和俄国交涉索赔一案。据驻海参崴商务委员会委员李家鳌禀报，战争中，"华人房屋焚毁殆尽，惟有四大行店并未骚扰，华人暂住船上者甚多，亏损数目尚未能定，谅有数百万之多"，因此"请与俄使速议赔偿"。[3]光绪三十一年（1905年）十二月，清政府有关当局就此案向俄国提出索赔交涉，但一直到宣统元年（1909年）二月，仍不能有一个结果，如外务部言，交涉中，"该使（时任俄国驻中国公使廓索维慈。——编者注）照覆竟欲牵入它案一同办理，萨使（时任中国驻俄国公使萨荫图。——编者注）来电亦有（俄）外部始终不允，再加意存延宕之语"。[4]最终，

1　《东三省总督赵尔巽等为向俄方索赔战时损害事给奉天交涉司檄文》（宣统二年九月八日），中国边疆史地研究中心、辽宁省档案馆合编：《东北边疆档案资料选辑》，第7册，广西师范大学出版社，2007年，第291页。

2　蒋颂贤主编，贾万德、范广杰副主编：《近代吉林人民革命斗争史》，吉林文史出版社，1992年，第72页。

3　《收海参崴委员李家鳌电：为保护崴埠华人事》（光绪三十一年十月二十三日），中国第一历史档案馆编：《清代军机处电报档汇编》，第40册，中国人民大学出版社，2005年，第383页。

4　《外部咨商部崴商被灾赔款俄未允增应即商结文》（宣统元年二月初四日延吉边务档），王亮编：《清宣统朝外交史料》，卷1，书目文献出版社，1987年，第46页。

在俄国加意“牵混以为延宕”的手段下，海参崴华民受损索赔案长时间悬而未决，最终不了了之。

其实，清政府向沙俄索偿的努力以失败告终，早可预见。早在日俄议和之初，沙俄已表明接受和约的底线是“俄不允割让领土，输出赔款此两条”。[1]日本强硬交涉仍然不能逼迫俄国让步，后来为早日结束战争，日本才答应不索求沙俄的赔款。[2]日本都不能追索，则中国的追索就更加不可能了。另外，清政府战后的局势已愈显复杂，战后索赔与“中俄勘界问题”“日俄撤军问题”“抚顺烟台煤矿问题”等重大问题交织于一起，与这些事关国家重大利权的重大事件相比，为受难华民争取赔偿便显得不那么重要。至此，俄方采取各种拖延战术，使出各种无赖手段，成功达到了推卸和拒绝履行向受难中国国民提供赔偿的责任的目的，与之相反，清政府向俄交涉索赔事务以失败告终。

1　《收路透电：为日俄议和事》（光绪三十一年七月初六日），中国第一历史档案馆编：《清代军机处电报档汇编》，第 40 册，中国人民大学出版社，2005 年，第 360 页。

2　《再论日俄和约》，张元济主编：《〈外交报〉汇编》，第 1 册，国家图书馆出版社，2009 年，第 667 页。

第三节　清政府对日本的索赔交涉

清政府在日俄战争期间已编好日军所造损失的调查报告，[1]为之后的战损赔偿做准备。根据国际公法，战败之赔款例由战败国负担。日俄战争的结果是日胜俄败，所以清政府对俄国提出赔偿要求。按照这一规定，日本似可不用对被难华民的损失进行赔偿。然而，根据《万国公法》的规定，“在局外之境捕得货物，捕者自当归还”，[2]并不会因战胜国的身份而有所区别。清政府很早就认识到存在对日合法索赔的可能性，在战争结束后，就马上确定了追索原则，即两国交战所造成的损失一概由战败国负担；而非交战原因造成的损失，则何国所为，何国所偿。[3]

根据此方案，战地内所有交战造成的直接损失由俄国负担，而日本所造成的损失虽大部分已转嫁给俄国，但仍须承担其在非战时滋扰和损害战区民众的行为所造成的损失。

1　战争期间，清政府责成战地的地方官员把战损情况一体造册登记。清册中详细注明何处受损为日军所伤，何处损失为俄军所伤。本文前面关于俄军受损的报告清册中也包括有日军所造损失之部分。

2　[美]惠顿著、[美]丁韪良译、何勤华点校：《万国公法》，中国政法大学出版社，2003年，第299页。

3　《奉天交涉总局、督辕营务处为预拟限制战界条章事给奉天督辕文案处移》（光绪二十九年十二月二十七日），辽宁省档案馆编：《日俄战争档案史料》，辽宁古籍出版社，1995年，第91页。

1905 年 10 月 26 日，奉天省地方官员钱嵘和于驷舆就日军在奉省损害华民权益的行为向清政府提请向日索赔，日军损害的具体行为和总共所造成的损失约合赔偿的银两数等，均详细列入了损害清册，并特别注明日军的行为都是非战时的侵扰行为。1906 年 5 月 8 日，博多勒噶台亲王旗代理旗长助理台吉乌勒济（原文为“护理博多勒噶台亲王旗协理台吉乌勒济”。这句话很拗口，也很难懂，兹试着逐词解释：护理，旧时以次级官暂时代理出缺的长官职务，约相当于“代理”；博多勒噶台：咸丰皇帝给科尔沁蒙古著名将领僧格林沁的亲王封号，后将其统领的科尔沁左翼后旗更名为“博多勒噶台亲王旗”；协理：清代职官名，负责协助主要大臣处理事务；台吉，汉语意为太子、王子，但更多时候是一种尊称；乌勒济：蒙古族人名。这句话的字面含义就是：博多勒噶台亲王旗代理旗长助理、王子乌勒济。——编者注）等就日俄战事给当地造成的损失进行统计，“该地方被日军及其豢养的华匪蹂躏各处，统共造成损失约值银十一万四千零四十五两”，禀请时任盛京将军赵尔巽“将被杀人命、亏欠银两，如数向日本追偿”。[1]

关于与日本的索赔交涉，仍须明晰的一点是，清政府从未正式向日本提出过索赔要求。依据国际公法，清政府向日本提出这样的要求是有理有据的。然而，清政府却没有这样做。按理说，日俄战后清政府最关紧要的是“收复东三省主权”，借对日索赔的理由，压制日本的无理要求应该是比较

1　《护理博多勒噶台亲王旗协理台吉乌勒济等为报日俄战争日本人损毁民命财产数目事给盛京将军呈文》（光绪三十二年三月十一日），中国边疆史地研究中心、辽宁省档案馆合编：《东北边疆档案资料选辑》，第 7 册，广西师范大学出版社，2007 年，第 137 页。

好的选择。清政府没有这样做，一方面甲午战争失败的阴云未散，对日本还是有很大顾忌；另一方面是顾及日本战胜国的身份，不愿过多开罪；还有一点，清政府本意可能不在于为受难民众的财务损失直接争得赔偿，而希望“暗度陈仓”，最终在国家利益上能够争取到更多，通过这种曲线的形式，间接实现索赔的目的。1905 年 6 月，日本和俄国在美国的推动下开始谈判，时任浙江巡抚聂缉规便向军机处提出建议：“闻日俄和局已在华盛顿开议……倘各国会议我国，应协商东三省善后或两国迳议，更宜留意，探听如与我主权有碍，相机迳向诘争，否则和约一成，我则更难置喙”。[1]清政府也担心此次会议将作出有损中国权益的决定，所以饬令驻美公使梁诚探听议和情形，并宣布：“日俄两国和约，凡载中国有关系者，非经中国会议，中国概不承认。”[2]清政府希图借此保留国家权益，留下以后与日本交涉的筹码。

然而，日俄朴次茅斯和谈所讨论大多是瓜分中国利权的内容，[3]丝毫没有涉及战后赔偿清政府的事。清政府无力改变朴次茅斯和谈的结局，只好寄望于此后召开的中日北京会谈。1905 年 11 月 17 日，日本任命小村寿太郎及驻华公使内田康哉为全权代表与清政府外务部在北京进行会谈。日本的目的是希望中国接受《朴次茅斯条约》的全部内容，中方则

1　《收浙江巡抚聂缉规电：为日俄议和事》（光绪三十一年五月二十一日），中国第一历史档案馆编：《清代军机处电报档汇编》，第 40 册，中国人民大学出版社，2005 年，第 341 页。

2　《收路透电：为报各国消息事》（光绪三十一年六月十九日），中国第一历史档案馆编：《清代军机处电报档汇编》，第 40 册，中国人民大学出版社，2005 年，第 354 页。

3　王芸生：《六十年来中国与日本》，第四卷，三联书店，1981 年，第 201—205 页。

力求通过会议收复东三省主权及解决战后遗留问题。为此，清政府派出首席军机大臣、庆亲王奕劻，外务部尚书瞿鸿禨和直隶总督兼北洋大臣袁世凯作为全权代表与日本交涉。在此次会议上，中日双方争执不下，会议接连召开22轮，历时35天才结束。

交涉主要集中于东三省旅顺口、大连湾等领土、领水和租界权及铁路等重大利权问题上，没有涉及对华赔偿问题。[1]事实上，北京善后会谈开始后，日方最先提出善后方案。针对日本的方案，清政府经过争论后委婉地提出了自己的要求："中国政府为尊重主权起见，应请日本国政府将因变乱或军事所有，日本国民强占、擅管中国各项公私权利、产业、地方均即退出交还，若系有意损坏，强取擅用公私财产，应由两国委员会同查明，分别补还。"[2]这等于是清政府变相地提出了索赔要求。

清政府提出索偿的内容，都是战争期间被日军所侵占的公私物产，以及有意损坏的财产部分，属于非战时损失，这在国际公法上是正当合理的。日方却表示"断难承允"，甚至在此后的会议中拒绝将此列入议题。因为日本的拒绝，在此后的几次会谈中，清政府都不能与日本商讨索赔问题，但清政府并未就此放弃。经过中日间多轮反复交锋后，日本才表示对清政府的意见予以认真考虑。

1　《中日全权大臣会议东三省事宜节录》（光绪三十一年十月至十一月上），王彦威纂辑、王亮编：《清季外交史料》，卷193，书目文献出版社，1987年，第20-35页。

2　《中日全权大臣会议东三省事宜节录》（光绪三十一年十月至十一月上），王彦威纂辑、王亮编：《清季外交史料》，卷193，书目文献出版社，1987年，第12-13页。

1905年12月2日，在与日本的第九次会谈中，清政府重申了前面提的索赔方案，并要求列入议题。这次，日方表示同意，但具体到清方所提的条款，日方表示，清方所提的方案“须分为两段”，“其第一段：即系日本国军队因军务所必须在东三省地方占据、使用中国公私产业，此项中国公私产业应俟届军务勿须占用时,应即交还,固属当然”。[1]但是，日方也要求“惟其撤兵未完以前，不得谓为军务完毕，勿须占用”。[2]

关于“第二段：即系中国公私产业并非因军务所必需，被其损坏占据使用者应行补还”，日本认为这一条于事发期间已被“照请办理”“本国该管官竭力查办，均有案可查”。于此，“似不必另作会议题目”。[3]这就是说，日本拒绝将非战时滋扰行为造成的损失列入会议讨论议题。要知道，是否列入议题关系到该问题的解决，如果没有经双方讨论决定，非战时损失的追索就可能落到空处。

关于第一段，清政府觉得日本的表态可以接受，但是对日方提出的第二段意思表示反对。清政府称“因东三省官民无故被累，禀请恤救者颇多，均谓于此次两国议约时，必能妥定恤救之法，嘱望甚切”。但为了达成日本同意，清政府

1 《中日全权大臣会议东三省事宜节录》（光绪三十一年十月至十一月上），王彦威纂辑、王亮编：《清季外交史料》，卷194，书目文献出版社，1987年，第1页。

2 《中日全权大臣会议东三省事宜节录》（光绪三十一年十月至十一月上），王彦威纂辑、王亮编：《清季外交史料》，卷194，书目文献出版社，1987年，第1页。

3 《中日全权大臣会议东三省事宜节录》（光绪三十一年十月至十一月上），王彦威纂辑、王亮编：《清季外交史料》，卷194，书目文献出版社，1987年，第2页。

表示愿意稍为退让，“愿将原拟之条酌行删改，存记会议节录内”。由于清政府的让步，中日间再就条款内容展开谈判，磋商后暂允为：“日本国政府允因军务上所必需，曾经在满洲地方占据或占用之中国公私各产业，在撤兵时悉还中国官民接受，其属无须备用者，即在撤兵以前亦可交还”。后来，中日双方同意将此条写入正式条款内。但是，日方对“被其损坏、占据、使用之中国公私产业，应行补还”的条款，仍然不接受，不允许列入正式条约内。日方的理由是“此条宗旨，在日前业经商定之大纲第六条末段所开，可以概括之，似不必另列一条”。[1]

最后，双方同意将“凡军用必需以外，所有日本臣民若有意损坏、取用中国官民各项产业，应由两国政府查明，秉公分别饬令补还”这一规定写入《中日全权大臣会议东三省事宜节录》备案，也即后来备受争议的《秘密议定书》。[2]

《秘密议定书》中有关清方索赔内容的条款分别为第五和第十六两款，但是日本不同意将这两款列入正式条约，这是由于日本认为该两款属于战时已经解决的问题，正式条约

1　《中日全权大臣会议东三省事宜节录》（光绪三十一年十月至十一月上），王彦威纂辑、王亮编：《清季外交史料》，卷 194，书目文献出版社，1987 年，第 2 页。

2　中日《秘密议定书》的争议性在于是否具有正式条约的效力。如陈本善等在《日本侵略中国东北史》中认为，“秘密议定书，其绝不具备条约之效力，更属常理”。再如王云五先生认为，《秘密议定书》从字面寻译为“Secret Protocol”,“Protocol”在外交上有时可译为会议录,但会议录多译为“Minutes”,且应用于外交上是一种不需批准互换之条约。故会议录即是会议录，绝不能作为条约。日方是凭借此会议录经双方签字，约定守秘，且有若干问题而认为具有条约效力。再因为会议录的签名含糊，王云五先生认为不能当正式条约，只可作“一为条约的补充解释；二为某种问题的初步谅解”。笔者认同王云五先生的观点。

中也包含了该项内容，所以拒绝。《秘密议定书》上均有双方全权代表的签字“以昭信守”，并约定双方“严守秘密”。[1]凭此可见，《秘密议定书》虽然难言为正式条约，但也有等同条约的效力，对《满洲善后协约》起着补充解释的作用。最终，经过双方谈判后签订的《中日会议东三省事宜条约及附约》，加上《秘密议定书》，中日有关索赔的条款就达到了三条。对清政府而言，对日索赔交涉暂时取得了成果。

上述有关对日索赔的条款规定日本需将战争期间造成的各种非战损失及中国公私产业，无条件归还清政府。但在实际执行过程中，日方的表现却是出尔反尔，甚至玩弄各种伎俩，不予执行。首先，日军在交还部分非军事所需资产的过程中，存在故意破坏“中国公私产业”的行为，清政府不得不再就日方这些行径提请“设法约束”“其系并非军用必需品者，勿致再有干预”。[2]又经过多次交涉，日方才应允“加意约束”。其次，对于非战时的损失，日军并未给予赔偿。最后，日军最终能归还的不外乎东北国民的房屋等固定资产。但纵然是这些固定资产，在事后的交接中，日方也以所谓“俄人产业”或“俄人侦探人之产”为借口刁难，最后反而以将部分房、地改作医院、展览地等为名强占、强租了。[3]清政府最后能追讨回的财产少之又少。然而对于那些受难华民而言，能索回这点财产也已经要“谢天谢地”，毕竟在当时国权尽丧的背景下，这是清政府能尽到的最大努力了。

1　王芸生:《六十年来中国与日本》，第四卷，三联书店，1981 年，第 225 页。

2　《中日全权大臣会议东三省事宜节录》（光绪三十一年十一月二十一日），王彦威纂辑、王亮编:《清季外交史料》，卷 194，书目文献出版社，1987 年，第 28 页。

3　丁名楠等:《帝国主义侵华史》，第二卷，人民出版社，1986 年，第 235 页。

第四节　清向日俄索赔交涉的对比

清政府与交战国的索赔交涉，不同阶段取得的结果迥异。对这一时期清政府与日俄的这些外交斗争进行深入考察，可以让我们更好地认识晚清时期东北复杂的政治格局的形成原因以及在“三千年未有之大变局”的历史转折点来临前清政府到底扮演了什么样的角色。

从开展索赔交涉的时间节点看，因为为祸更早，清政府向俄国提出交涉索赔的时间也要早于日本。现代研究表明，日俄战争期间，沙俄军队给中国造成的损失大于日军。[1]对于战时为祸甚烈的俄军，清政府也曾作出过各种努力交涉干预，然而，正如外务部说：“政府因俄军侵犯东三省中立地之事，特电致驻俄胡星使（胡惟德，星使为古人对皇帝使者的尊称。——编者注），命其向俄外部要求办法。”交涉后得“俄允诺”，但是现实是“东三省之俄兵暴行如故”。后来“又将吉林将军所列举之事实（损害事件）若干条，电告胡星使再与俄交涉”，但是没有结果。清政府外务部认为“以今日情势而论，实难禁止俄兵”，惟有“电命三省将军，遇有俄兵损害财产生命之事，即行查明记录，以备他日向战国

1　喻大华：《日俄战后清政府对奉天战争损失的调查论述》，故宫博物院、国家清史编纂委员会编:《故宫博物院八十华诞暨国际清史学术研讨会论文集》，紫禁城出版社，2006 年，第 232 页。

索赔偿”。[1]这表明清政府根本无法禁阻俄军的侵扰行为，只有就损失与其交涉索偿。对于俄军造成的损失，俄驻盛京代表武廓米萨尔曾表示“必照公平价值赔偿”，如“各处俄军所占民房按月发给官价，城内正房每月每间二元，厢房每月每间以元五角；城外各屯堡房间每月一元五角，并外交各房东每间每月五角，以作去后修理房间之费”。[2]而对于人命损失的赔偿，各地并无统一标准，依俄军允给而定，有的赔偿“恤银二十四两”，[3]也有赔偿“银圆二十元”作罢。[4]

但是战争结束后，俄军对所造成的损害并没有赔偿，即使有所表示，数目也少得可怜，[5]例如，1906 年 1 月，海龙城属境内大道两旁被俄军损害“各色禾稼，共计四万八千四百一十七亩”，经过“与俄员议定，每亩估银四两，共计银十九万三千六百七十一两六钱”，而俄军仅“赔给银三千二百九十七两零三分四厘八毫”。[6]再比如根据八旗界务协领奎明的统计，八旗界各属界“被俄军损失人命财产约核银一千四百九十七万一千四百九十二两五钱四分八厘”，

1　《日俄战事纪要·中立杂志》（1905 年 9 月 23 日），《东方杂志》，第 2 卷第 8 期，第 293 页。

2　《俄武廓米萨尔通示各界晓谕》（光绪三十一年正月十二日），辽宁省档案馆编：《日俄战争档案史料》，辽宁古籍出版社，1995 年，第 385 页。

3　《俄军在奉损毁人命财产合银清单》（光绪三十二年），辽宁省档案馆编：《日俄战争档案史料》，辽宁古籍出版社，1995 年，第 469 页。

4　《何厚枕为日俄两军伤毙民人叶春发等领恤银事给奉天财政总局呈》（光绪三十二年正月初九日），辽宁省档案馆编：《日俄战争档案史料》，辽宁古籍出版社，1995 年，第 466 页。

5　佟冬：《沙俄与东北》，吉林文史出版社，1985 年，第 479 页。

6　《海龙城总管依凌阿为报俄军割毁禾稼地亩价银册事给盛京将军赵尔巽呈文》（光绪三十一年十二月十八日），中国边疆史地研究中心、辽宁省档案馆合编：《东北边疆档案资料选辑》，第 7 册，广西师范大学出版社，2007 年，第 104 页。

可赔银才八万三千八百五十四两七钱六分，连百分之一都不到。[1]更多的情况是，俄军拒绝议赔，分文不偿。承德县续报日兴隆等客栈，被俄军损坏船数十只，豆饼七八万块，元豆一万七八千石，但是俄方均未“估价议赔”。“省城南鹿圈木栅，被俄军拔去六十四根，惊毙鹿五只，均未估价”。[2]总之，战时清政府与俄国交涉索偿可以说是失败的。据清政府统计，战时俄军合计损毁中国公私财物 28056402.99 两，战时交涉已赔 221946.487 两，[3]所赔部分不及损失的百分之一，可谓寥寥无几。但是对于国弱言轻的清政府而言，俄军能承认战时行为有不当，并表面上答允赔偿，就已经算是“谢天谢地”了。

战时清政府与日军也就战损补偿问题展开过交涉。1906 年 5 月 8 日，博多勒噶台亲王旗官员禀报，该旗被日军及华匪侵害，损失核实共十一万四千九百三十五两，可是交涉后日军仅赔“一百一十两零二钱”。[4]1905 年 12 月 25 日，兴京署抚民同知称，该地东北两路及西路遭日军破坏，酌估“共失牲畜二百八十头，计银三千二百三十四元”，日军仅赔偿

1　《管理八旗界务协领奎明等为会报日俄战损失情形事给盛京将军赵尔巽呈文》（光绪三十一年七月十五日），中国边疆史地研究中心、辽宁省档案馆合编：《东北边疆档案资料选辑》，第 7 册，广西师范大学出版社，2007 年，第 306 页。

2　《俄军在奉损毁人命财产合银清单》（光绪三十二年），辽宁省档案馆编：《日俄战争档案史料》，辽宁古籍出版社，1995 年，第 469 页。

3　喻大华：《日俄战后清政府对奉天战争损失的调查论述》，故宫博物院、国家清史编纂委员会编：《故宫博物院八十华诞暨国际清史学术研讨会论文集》，紫禁城出版社，2006 年，第 233 页。

4　《护理博多勒噶台亲王旗协理台吉乌勒济等为报日俄战争日本人损毁民命财产数目事给盛京将军呈文》（光绪三十二年三月十一日），中国边疆史地研究中心、辽宁省档案馆合编：《东北边疆档案资料选辑》，第 7 册，广西师范大学出版社，2007 年，第 137 页。

三百二十七元。还有，日军直接破坏庄稼达五千八百多亩，仅赔偿“二十元”，几乎可以忽略。[1]还有，临江县报称其西区及北区的华民物资受损数目巨大，交涉日军，但“屡经认赔未给”。[2]

清政府战时与日交涉索赔的结果几乎都是像这样的无用功，日本可以认账，就是不赔钱。据笔者调查，战时索赔交涉案件中，清方与俄方交涉较多，而与日方交涉稍少。这一方面是由于战争期间，俄军的破坏情事较日军更重，清政府交涉的力度也越大。另一方面，由于日军的破坏行为大多集中在战争中后期，那时胜负之势已经很明显，为防止日本节外生枝，清政府只好决定战后统一向日本交涉赔偿。另外，相较而言，在战时索偿案件中，俄军的赔偿很少，但是比日军还是多。这一方面是由于俄军的破坏普遍比日军严重，另一方面也是因为日军在战争期间没有如俄军一样公开告示赔偿，这就让清政府在与日本交涉时所能提供的有力证据不多，所以与日本的交涉从一开始就难言顺利，只有等待战后统一和日方算账。

战时清政府与日俄两国的索赔交涉可以说收效甚微，相对而言，俄国的赔偿比日本还多那么一点点。但是战后清政府与两国索赔交涉，却出现了截然相反的变化。沙俄一反战时承认赔偿的态度，驻华公使璞科第多次表态拒绝赔偿清政

1 《署兴京抚民同知为造送日俄战争损毁人命财产损毁清册》（光绪三十一年十一月二十九日），中国边疆史地研究中心、辽宁省档案馆合编：《东北边疆档案资料选辑》，第 7 册，广西师范大学出版社，2007 年，第 96—97 页。

2 《临江县知县吴赡义为呈报日俄军队经过损失清折》（光绪三十一年九月二十四日），辽宁省档案馆编：《日俄战争档案史料》，辽宁古籍出版社，1995 年，第 451—457 页。

府因日俄战争所蒙受的损失。[1]面对俄国的无赖行径，清政府无能为力无可奈何更无力回天，最终对俄索赔以不了了之告终。而与日本的交涉，清政府战时虽未能挽回多少损失，但在战后交涉中，却收回了部分房屋、土地等固定资产。对于清政府来说，这已经是“不幸中的万幸”了。

还有一点需要指出，战后清政府与日俄两国交涉索赔中，所追索的都是有形的、直接可以衡量的损失，而对于战争造成的间接伤害、“农务之失时”“工商之辍业”[2]等并未计算在内。

从整个索赔交涉过程来看，清政府对索赔的态度前后有明显的区别。战争期间，清政府对于日俄两军的侵权行为还自信能依靠国际公法讨回公道，并组织战区各地将损失“造册汇报”。日俄刚议和时，庆亲王奕劻即致函给盛京将军赵尔巽：“现在日俄议和，此事（索偿）势难再缓”，刻“应向战国索偿”。[3]清政府为此专门颁布《关于日俄战事经过地方呈报损失人命财产的文件》，“饬将日俄战事经过地方损失人命财产等项”“造册具报”。[4]应当说，由于上至光绪皇帝、首席军机大臣（庆亲王奕劻），下到地方督抚州县

1 郭廷以编著：《近代中国史事日志》下册，中华书局，1987 年，第 1253 页。

2 《赵尔巽为海城县禀报因战损失人命财产数目给奉天交涉总局扎》（光绪三十一年八月二十四日），辽宁省档案馆编：《日俄战争档案史料》辽宁古籍出版社，1995 年，第 453 页。

3 《庆亲王等为日俄议和应将中国公私财产损失情况查明以便向战国索赔事致赵尔巽函》（光绪三十一年六月十六日），辽宁省档案馆编：《日俄战争档案史料》，辽宁古籍出版社，1995 年，第 429 页。

4 《关于日俄战事经过地方呈报损失人命财产的文件》（光绪三十一年七月十五至二十五日），辽宁省档案馆编：《日俄战争档案史料》，辽宁古籍出版社，1995 年，第 430 页。

的高度重视，清政府的战损调查工作相当细致，负责调查的官员“被日兵盘诘阻止”“沿途节节设卡，搜查甚严”，仍然“密查损失财产”，“不敢妄报”。[1]可见，清政府对战损调查的态度是积极的，也有较充分的准备，调查数据也是比较翔实可信的。但是，清政府在战后与两国交涉中，遭遇了极大的阻力。日俄两强背信弃义，都拒绝履行赔偿义务，其他帝国主义列强也事不关己作壁上观，对于清政府的追索要求不支持，由于国家实力不对等，孤掌难鸣的清政府一厢情愿的索偿想法变得根本不切实际。另一方面，清政府原有借索赔事务压制日俄两国，以期收复东省主权。但战后，清政府虽然勉强恢复了东三省主权，但却必须要面对日俄瓜分东北的更大的阴谋。尤其是日本，狼子野心，欲壑难填，其觊觎东北之心日益显现，清政府以首席军机大臣、庆亲王奕劻挂帅，包括外务部尚书瞿鸿禨、北洋大臣袁世凯等洋务派重臣在内齐与上阵，与之唇枪舌剑交涉二十多轮，几至唇焦舌敝仍难有结果。这种情况下，为避免日本受到刺激，制造借口节外生枝另生事端，清政府对索赔也不敢再过分坚持。

缘于此，清政府在后面的索赔交涉中，态度不再积极，受难东北国民日盼夜盼“通过中国政府的索赔一直毫无结果”。[2]1910年奉天谘议局甚至为此向时任东三省总督锡良呈文，要求奉天交涉总局公示“战时俄军损害赔偿一案”，

1 《赵尔巽为开原查明属境因日俄战事损失人命财产事给奉天交涉总局扎》（光绪三十一年九月初五日），辽宁省档案馆编：《日俄战争档案史料》，辽宁古籍出版社，1995年，第446页。

2 佟冬：《沙俄与东北》，吉林文史出版社，1985年，第482页。

以回应各界质疑。[1]清政府各地被难国民对索赔事务现状也感到强烈不满，自发推举代表，自行赴各地俄军驻扎处，甚至到俄国首都圣彼得堡进行索赔。其中，以潘云庆组织的二十一县人民联合索赔持续的时间最长，波及范围最广。清政府担心这些人给自己添乱，曾加以阻挠，甚至拒绝给他们发赴俄护照。[2]在内忧外患各种因素影响下，清政府对日俄的交涉索赔最终无果而终。

1 《奉天全省谘议局为战时向俄方索赔战时损害事给东三省总督锡良呈文附战时俄军损害理由、事项清单及批》（宣统二年五月三十日），中国边疆史地研究中心、辽宁省档案馆合编：《东北边疆档案资料选辑》，第 7 册，广西师范大学出版社，2007 年，第 280 页。

2 佟冬：《沙俄与东北》，吉林文史出版社，1985 年，第 485 页。

第五章

遥遥无期的维权之路

1905年9月5日，日俄两国以签订《朴次茅斯条约》，正式结束了这场给我国东三省国民带来深重灾难的非正义战争。然而，清政府东三省国民权益保护问题并不随着战争的结束而终止。战后日俄两国继续侵害华民权益，并表现出新的侵权形式。清政府继续进行应对，但是成果寥寥。囿于国力，日俄两国侵害我国国民权益事件愈演愈烈，清政府维权终成遥遥无期之局。

第一节　战后日俄两国侵权的新形势

日俄战争终以两国缔结《朴次茅斯条约》而结束，该约的签订对战后局势影响深远。对当时国际格局而言，条约的订立标志着俄国独霸东北局面的结束和日俄在东三省分庭抗礼南北对峙局面的开始。之后，帝国主义列强也纷纷插手，令东北局势更趋复杂，[1]引发了各方势力间新的对立和冲突，形成在华争夺的新形势。[2]

1905年10月，日俄两国政府分别批准《朴次茅斯条约》，并在我国奉天省签订议定书，就俄国向日本移交南满铁路及按约尽快撤出滞留我东省的军队等程序作了规定。战后，清政府东三省主权仍然很大程度上受制于日俄，它们的势力分踞南北，实际上是“它们从武装侵略的非常状态转到和平侵略的‘正常’状态”[3]“在中国东北形成日俄两国南北竞争的局面”。[4]与此同时，美国对我国东北的兴趣也日益浓厚

1　步平等编著：《东北国际约章汇释（1689—1919年）》，黑龙江人民出版社，1987年，第277页。

2　丁名楠等编著：《帝国主义侵华史》，第二卷，人民出版社，1986年，第226页。

3　丁名楠等编著：《帝国主义侵华史》，第二卷，人民出版社，1986年，第230页。

4　安成日：《日俄战争与东亚国际体系的重构》，《哈尔滨工业大学学报》，2011年，第2期，第14页。

起来，对攫取战后中国东北的铁路利权始有觊觎之心。为实现其野心，美国开始插手东北事务，通过种种措施试图“令日俄两国即使缔结和约、划分势力范围后，仍如战前般对抗”，[1]从而获取渔翁之利。美国的加入令战后东北形势变得更加复杂。

为适应战后形势的发展，对抗美英等新列强势力，不久前还打得昏天黑地惨不忍睹的日俄两国竟然开始寻求联合。原先日本一直遵循其“大陆政策”，冀望独占中国东北，为此不惜和沙俄一战，付出军费约二十亿日元，伤亡十多万人的巨大代价。[2]巨大的损失让日本坚决排斥他国从东北分一杯羹，其最终目的是独霸中国东北地区。而沙俄虽然遭受到挫败，但是《朴次茅斯条约》并没有将沙俄的势力完全清除出东北。现在，美英已经联合起来，剑指东北利权。不得已，日俄两国“化干戈为玉帛”，又开始狼狈为奸，沆瀣一气，分别通过签订三次《日俄协约》，划分了两国在中国东北的势力范围。从此，南满属于日本，东北北部属于沙俄。[3]英美等列强试图分中国东北利权一杯羹的企图暂时遭到挫败。

借着这一时期对其有利的国际形势，日本在我国东三省南部疯狂的扩充势力，采取了一系列的挑衅行动，如干预和阻挠新法铁路建设；制造所谓“间岛”问题；阻挠京奉铁路

1　参见朱海燕:《日俄战争后日俄美的东北亚政策》,《日本学论坛》, 2005 年，第 1 期，第 26 页。

2　[苏] B. 阿瓦林著:《帝国主义在满洲》，商务印书馆，1980 年，第 113 页。

3　李鸿文、张本政主编:《东北大事记（1840—1949）》上卷，吉林文史出版社，1987 年，第 350 页。

展修至奉天城根；非法设立统治机构等。[1]同日本一样，俄国也趁机在东三省北部采取了一系列的侵权行动，将一系列旨在加强中东铁路侵略地位的条例付诸实施，在路界内广设民政机关。[2]日俄两国如一丘之貉，把矛头都对准了清政府在东三省的国家主权和行政治辖权，这是日俄战争后出现的一个新的苗头，是两国侵害东三省国民权益的新的形式。

日本与沙俄划分势力范围后，公然打出“南满是日本人的”[3]旗号。为达成目的，1906 年，日本建立了南满洲铁道株式会社（满铁）以及关东都督府。满铁公司既是一个企业组织，也具有强烈的日本官方背景，其目的是经营从沙俄手中攫取的南满铁路及矿山，后来职能逐渐扩大，最终成为一个以经营铁路为中心，旁及政治、经济、文化和教育的综合殖民侵略机构。[4]关东都督府则是一个政府机构，是对旅大实行殖民统治的中枢，拥有广泛的军事及行政权，并可对满铁公司进行监督。日本借助设置上述各种机构，使旅大租借地成为侵略我国东北的前沿阵地。

关东都督府和满铁公司的职能、性质及地位虽然不相同，但二者联系密切，互相配合，构成“日本帝国主义对我国东北地区直接进行侵略和掠夺的整套机器上的两个主轮”。[5]

1　丁名楠等编著：《帝国主义侵华史》，第二卷，人民出版社，1986 年，第 250—254 页。

2　丁名楠等编著：《帝国主义侵华史》，第二卷，人民出版社，1986 年，第 257 页。

3　[苏] B. 阿瓦林著：《帝国主义在满洲》，商务印书馆，1980 年，第 116 页。

4　辽宁省档案馆编：《满铁调查报告》，第 3 辑（1），广西师范大学出版社，2008 年，第 1 页。

5　丁名楠等编著：《帝国主义侵华史》，第二卷，人民出版社，1986 年，第 233 页。

两大南满殖民机构建立的直接的后果是打开了日本向南满移民的通道。此后，大量形形色色的日本人侵入南满。日本殖民机构及驻军均对这些移民给予特殊方便，处处偏袒、庇护，怂恿这些人广泛地肆无忌惮地有组织地侵害我国国民权益，制造了大量的中外纠纷事件。与此同时，沙俄在被迫退守东三省北部后，也紧守中东铁路的各种特权及利益，通过赋予中东铁路独立的行政权、司法权、驻军权及设警权等，营造一个由该公司所控制的以路界为边线的“国中之国”。[1]

日俄两国在各自势力范围内分别设立统治殖民机构，宣称所谓“合法管理”，是对清政府国家主权的严重挑战。如何通过外交斗争捍卫国家主权，维护我国东三省国民的权益免遭侵犯，就成为清政府遇到的新的、也是这个行将就木的封建王朝必须要解决的最后一道难题。

1　李济棠编著:《中东铁路——沙俄侵华的工具》，黑龙江人民出版社，1979年，第75—92页。

第二节　日俄两国侵夺华民权益的新形式

战后日俄两国通过加强设置侵略机构，疯狂地攫取我国东北利权。这些利权大多涉及国家主权，对国计民生大有影响。国家利权的丧失令华民利益大受损害。此外，日俄两国在我国东三省地区，非法建立殖民机构，施行所谓“合法统治”，直接大肆勒逼清政府国民。

一、　日本非法设立统治机构压迫华民

日军挑战中国国家主权的行为表现较典型的是在吉林省的延吉地区。时任东三省军事参议吴禄贞（“间岛事件”中捍卫中国延吉主权的民族英雄，清末著名爱国将领、同盟会重要成员、辛亥革命烈士。在同盟会中的资历与孙中山、黄兴相当。——编者注）曾说：外国欲侵略东北，必先占据延吉。[1]延吉地处中、朝、俄三国交界地带，战略地位十分重要。

1　延吉位于我国吉林省长白山地区，自古以来就属于中国领土。这里与朝俄两国领土相邻，战略位置十分重要，物产丰富。自清朝建立始，这里被认为是“龙兴之地”而予以封禁。19世纪60年代，朝鲜（时称大韩帝国）北部发生饥荒，大量韩民非法越过图们江，来到延吉从事农业活动。随着日本在朝鲜侵略势力的加强，日本开始觊觎此地，计划将此地打造为新的侵略基地，与辽东半岛以及南满铁道遥相呼应，对奉天与吉林形成夹击之势，如时任东三省军事参议［清］吴禄贞所言：“延吉一隅之地，俄得之，足以制日；日得之，足以制俄；我善用之，则俄日皆将为我制，关系讵不重哉？”占据延吉地区的重要性，由此可见一斑。（［清］吴禄贞：《延吉边务报告》，吉林文史出版社，1986年，第136页）

19世纪60年代，朝鲜（李氏朝鲜王朝。——编者注）北部发生饥荒，大量朝民非法越过图们江，来到图们江北岸吉林省延边地区光霁峪前的一处滩地从事农业垦殖活动，所以这块滩地被朝人称为“垦岛”，后又称为“间岛”。

1894年中日两国因为朝鲜问题爆发了“甲午战争”，中国大败，放弃了对朝鲜的宗主国地位。1897年，朝鲜王国在沙俄的支持下改国号为“大韩帝国”。1903年3月到10月，在俄国人的支持之下，韩国人屡次骚扰中国边境。1904年4月，这种侵略达到高潮，朝鲜王国的“垦岛保护使”李范允带领五六千士兵渡过图们江，侵入中国内陆100多里地，非法侵占我国吉林省和龙峪抚垦局所辖上溪社等六社地区。时任延吉厅同知陈作彦予以痛击，非法入侵者大败而归。1905年，日俄战争之后，俄国失去对韩国的控制权，日韩签订了《保护条约》，韩国从此沦为日本的保护国，并把外交全权交给日本。之后，日本强行将“间岛”的范围从原来纵十里、宽一里的滩地扩展到包括我国延吉、汪清、和龙、珲春等四县在内的广大地区，并打起了歪主意。1907年8月19日，日本驻华公使阿部守太郎致函清政府外务部，以“间岛究为清国领土，抑为韩国领土”仍存争议为由，单方面挑起“间岛”主权归属问题。[1]同日，日军斋藤秀治郎大佐率领日本军警悍然侵入延吉，并在六道沟成立所谓“监府临时‘间岛’派出所”的统治机构，自任所长，非法僭取当地的管辖权。

面对日本的野蛮态度，清政府勉力应对，一再重申“延

1 《日本阿部使致外务部照会》（光绪三十三年七月十一日），［清］吴禄贞：《延吉边务报告》，吉林文史出版社，1986年，第160页。

吉厅确系中国领土”，要求日方将“统监府撤回”。[1]但日本不但不答应，反而堂而皇之地在延吉修建军事分遣所，安置其军警。这种军事分遣所，日本前后在延吉非法建立了多处。此外，日本还在当地设立了和我国地方对立的非法基层组织，数量居然达到41个社，都实行“都社长制”。[2]在日本“统监府”的所谓管理下，日方宪警为非作歹，无法无天。

1908年10月15日，日本军警在延吉火狐狸沟茂功社（日本称禹迹洞）制造了极为恶劣的“徐占魁、吴起瑞案”。[3]案件中，东北地方政府为阻止日军在火狐狸沟茂功社非法修建军事分遣所，派出宪兵及巡警前往阻止，遭到日本军事人员的伏击，造成巡兵徐占魁、巡警吴起瑞死亡，多名巡警受伤的惨痛事件。这起案子是日军挑战清政府国家主权的严重事件，性质十分恶劣。

清政府军警人员的生命尚且不保，更遑论普通民众的财产安全了，日军为修建军事分遣所，强占当地民众房屋之事屡屡发生，典型的如1909年7月9日发生的日本宪兵强占华民房屋的案件。案件中，日本宪兵藤谷浅吉先是在三道沟骨牌地方强租平民韩喜禄家居住，后来忽然强占该民地基修造房屋。韩喜禄虽系韩民，但被一华民收为养子，早已归化

1 《外务部致日本阿部使照会》（光绪三十三年七月十六日），［清］吴禄贞：《延吉边务报告》，吉林文史出版社，1986年，第161页。

2 蒋颂贤主编，贾万德、范广杰副主编：《近代吉林人民革命斗争史》，吉林文史出版社，1992年，第82页。

3 许健柏：《中日“徐占魁、吴起瑞案”交涉探析》，《湛江师范学院学报》，2014年，第4期，第144页。

我国，“实已华民无异”。[1]清政府在延吉当地的父母官督办延吉边务陈昭常闻报立即派员前往阻止，可是该宪兵以“造屋非理，惟地主已允，我随意修造”[2]为由，拒不理睬，还加紧建造。清政府传讯韩喜禄与日兵对讯，韩供称：“实系日人任意强占房屋，无法阻止。”清政府交涉员凭此口供与日宪兵班长面质，要求停建房屋。可是，该宪兵班长竟以奉有上级命令为由，不肯罢休，继续修建。无奈之下，清政府当即向日本“统监府”统监斋藤秀治郎交涉，斋藤竟狂言：“此次修造房屋，势在必行，若贵国不以此为然，请报告政府办理可也。”交涉局专员陈昭常无计可施之下，只有电请清政府与日使交涉阻止。[3]但是，日方修筑房屋仍不停止。后来又有很多华民的房屋都以类似的方式被日军警强占，改造为军事分遣所或另作他途。案件中的韩民早已归化我国，“实已华民无异”。[4]

除了强占屋舍，日军对清政府国民人身的侵犯更是家常便饭。1909 年 6 月 13 日，三名全副武装的日军以所谓“办案”为借口闯入韩民金仁吉家中，将金仁吉及其子侄捆绑拷

1 《锡良陈昭常致外部日人占地造屋关系巨大请严重交涉电》（宣统元年五月二十三日），王亮编:《清宣统朝外交史料》，卷 4，书目文献出版社，1987 年，第 41 页。

2 《锡良陈昭常致外部日人恃强占地造屋请备案并各项交涉早日解决电》（宣统元年五月二十二日），王亮编:《清宣统朝外交史料》，卷 4，书目文献出版社，1987 年，第 37 页。

3 《锡良陈昭常致外部日人恃强占地造屋请备案并各项交涉早日解决电》（宣统元年五月二十二日），王亮编:《清宣统朝外交史料》，卷 4，书目文献出版社，1987 年，第 37-38 页。

4 《锡良陈昭常致外部日人占地造屋关系巨大请严重交涉电》（宣统元年五月二十三日），王亮编:《清宣统朝外交史料》，卷 4，书目文献出版社，1987 年，第 41 页。

打，金仁吉的弟媳更是被“轮奸”，直到金仁吉弟弟抢夺日军枪械，用枪托击伤一名日人后，其余人才“曳伤者逸去”。[1]该案性质非常严重，如陈昭常在致外务部的电报中所说：“此案无论金仁吉等是否善良、有无控案，日兵断无越境擅捕恃威行恶之理。今竟在我境内身配枪刀，夜闯民室，擅行拷打，并肆意奸污，如此强横万难容忍。”陈昭常禀请外务部与日本驻华公使交涉，要求“日兵韩警从速撤退，此次肇事日兵等饬令按名惩办”等。[2]案件中，韩民金仁吉属于归化之民，清政府当然有保护之责。就此事，清政府外务部向日本公使伊集院彦吉发出外交照会，称“查日本宪兵藉词办案，在中国境内持枪，夜入民室，实属侵犯国权，扰害治安”，要求日方“按律惩办”。[3]对此，日方并不理会，更别说如陈昭常所要求的撤军、惩恶了。此案最终也是不了了之。

总结来看，日本军警在战后对清政府东北国民的侵权与战前相比，有明显的不同，如以延吉地区为例，日方在提出“东省六案问题”后，图谋以“间岛”问题为突破口，进而要挟其他五案的解决。有此考虑，日本军警在我国延吉地区通过非法设立统治机构的，制造所谓“合法管理”的假象。实质上，日本意图通过大量侵权的事件，故意扩大事端，以致“破

1　《锡良陈昭常致外部日兵在延吉持械轮奸请与日使交涉电》（宣统元年五月二十二日），王亮编：《清宣统朝外交史料》，卷4，书目文献出版社，1987年，第39页。

2　《锡良陈昭常致外部日兵在延吉持械轮奸请与日使交涉电》（宣统元年五月二十二日），王亮编：《清宣统朝外交史料》，卷4，书目文献出版社，1987年，第40页。

3　《外部致伊集院白草沟日兵夜入民室骚扰请按律惩办照会》（宣统元年五月二十六日），王亮编：《清宣统朝外交史料》，卷5，书目文献出版社，1987年，第4页。

坏和平”，从中渔利。[1]在这一设想下，日军与战争期间的侵权相比，出现了新的特点。

首先，清政府官员权益遭遇的侵害更为严重，人身安全都是个问题。日军在战争期间已有随意拘禁清政府官员的事情，但毕竟属于少数。日俄战后在延吉地区，清政府派往延吉阻止日本军警胡作非为的官兵却时常有生命之危，比如，在阻止日军非法修建军事分遣所时，日方斋藤秀治郎甚至发布命令，“如清人妨碍修造，即开枪击毙之”。[2]至于日常的争执殴打等情况，清政府官员们遭遇的便更多了。

1908年10月10日，延吉局子街国民刘焕之家不慎失火，地方巡警立刻鸣警扑救。当时，恰好有三名当地修路工兵路过，即“帮同救火”。在救火过程中，有日本宪兵骑马在街上往来驰骤，“我工兵郭振清突一回身，误触其马首，日宪兵即举鞭连殴”。争执下“日宪兵十余名将郭振清扭倒在地”，甚至有“日人某暗中从屋内携一钢刀”，意图杀人。情况危急下，我方其他人立刻上前帮同阻止，不料“日宪兵竟开放手枪，将我工兵郭振清击伤”。[3]该案件在当时造成了恶劣的影响，引起当地民众的愤怒声讨。无独有偶，日军向清政府人员开枪恶性事件还有韩民李义英拘捕案。据时任东三省

1 《锡良陈昭常致外部日人恃强占地造屋请备案并各项交涉早日解决电》(宣统元年五月二十二日)，王亮编：《清宣统朝外交史料》，卷4，书目文献出版社，1987年，第37页。

2 《收东省总督致外务部电》（光绪三十四年九月二十一日），中国第一历史档案馆编：《清代军机处电报档汇编》，第35册，中国人民大学出版社，2005年，第45页。

3 《收东三省总督致外务部电》（光绪三十四年九月二十二日），中国第一历史档案馆编：《清代军机处电报档汇编》，第35册，中国人民大学出版社，2005年，第55页。

总督徐世昌（首任东三省总督，任期为1907年6月12日—1909年2月8日。——编者注）禀称："前因我捕挐无赖韩民李义英等"，日军"拦阻不住，即出枪击"，"幸未过火"，没有命中目标，才未酿成惨案。此外，在我国延吉六道沟地区，"一个月之内，中国官警被日兵任意殴打，派办处被日兵包围共三次"。[1]在南满其他地区，清政府官兵受到日军武力侵犯的事情也有不少。

其次，日本通过设立非法的统治机构，赋予其广泛的职权，动辄拘捕、拷打清政府国民。即如上述韩民金仁吉家遭日军警持械拷打为例，清外务部照会时任日本驻华公使伊集院彦吉，谓："查韩民金仁吉果有犯法情事，日人亦何得越界擅捕？况篝夜闯入民室，横行骚扰，并称有轮奸情事，此等不正当之行为，其必非办案可知。"[2]日方单方面以所谓"办案"为借口，越境拘捕属华民无异的韩民，已属侵犯清政府国家主权。在堂堂中国之境，日本军警何来办案之权？更何况，在所谓"办案"过程中，日方肆意拷打这位韩民，甚至对其亲眷有轮奸的事情，这根本就是犯罪，居然辩解说是保护，岂不是滑天下之大稽？

日本在中国的土地上侵害中国人权益的恶性事件还有"马金有在日警署遭凌虐致死案"。1909年2月1日，公主岭的交涉委员向徐世昌禀报称："华人马金有被日本警署拘留"，后突然死亡。日方的说辞为"自杀身死"，但是据清

1　丁名楠等:《帝国主义侵华史》，第二卷，人民出版社，1986年，第269页。

2　《外部致伊集院白草沟日兵夜入民室骚扰请按律惩办照会》（宣统元年五月二十六日），王亮编:《清宣统朝外交史料》，卷5，书目文献出版社，1987年，第4页。

政府派员调查，“马金有虽系自杀，实因被灌煤油，凌虐不过所致。尚有被灌未死者二人，相与供证”。[1]

与战争期间相比，这个时候的日本摆出一副主人的样子，堂而皇之地单方面对东北国民进行管理，多次以所谓“办案”为借口，任意拘捕国民，稍不如意，就拷打、凌虐，这在战争期间是没有的，反映出日本图谋僭取中方行政管辖权，强行施行所谓“管理”，借机逐渐侵夺中国主权，营造既成事实的阴谋。在日本非法机构的“统治”下，清政府东三省民众的生活受到极大的侵扰，民不聊生，苦不堪言。

二、 俄国非法广设民政机关勒逼华民

沙俄战败后退守中国北境，并决意紧守在中东铁路上所取得的各项特权及特殊利益。在 1907 年 8 月间，沙俄接连强迫清政府签订了一系列有关铁路的约章。[2]通过这些约章，基本上俄军在战争期间所攫取的各种利权便被保存下来，这样充分保障了其在北满地区的特殊地位。

北满中东铁路对俄国的重要性此时更加凸显，俄国大大加强了中东铁路公司的侵略活动，这表现在以下几个方面：

首先，沙俄以中东铁路需要地基为借口疯狂展拓路界。1905 年，俄方提出展拓路界的草约，后来经黑龙江交涉局官

1 《东三省总督徐世昌致外务部电》（宣统元年正月十一日），故宫博物院编：《清宣统朝中日交涉史料》，文海出版社，1963 年，第 9 页。

2 这些约章统计有：《吉林省林铁路煤矿章程》《吉林省中东铁路公司购地合同》《黑龙江铁路公司购地合同》《黑龙江铁路煤矿合同》（以上皆 1907 年 8 月签订）；另外，还有经过长期交涉的《松花江行船章程》。

员周冕[1]“承允画押”。据该草约，“自松花江北岸至满洲里大小各车站，拟展地基统计至三十余万垧之多”。但是，该约从未得到过清政府的承认，属周冕“私相授受”的非法行为。根据国际公法，如果合约没有得到清政府官方承认，则根本没有法律效力。清政府表示可以与沙俄重新谈判修约，但俄方“仍持前约”，以合同已经清政府官员画押为由，逼迫铁路界内的清政府国民出让土地。中东铁路界内的华民在被逼迫之下，“纷来呈报，（中东铁路）公司逼领地价，将有失业流离之苦，泣求保护，意甚凄惶”。[2]

据统计，仅1906年一年，俄国就已经非法占地十四万俄亩之多，[3]其中大部分是清政府国民的土地。中东铁路局掠夺清政府国民土地的行为主要有“武力侵占民地”和“廉价收买”两种办法。[4]如1907年12月，沙俄当局为掠夺土地，乌苏里江以东金夫沟、三道沟、挠头沟、呢吗、鸡心等地暴力“驱逐当地华民”，[5]大量清政府国民被迫放弃土地无家可归。至于“廉价收买”土地，是沙俄先以武力威胁，强迫

1　周冕早年为候补道员，1894年被派往奉天，曾办理漠河金矿，因贪污被参，后作为盛京将军增祺的代表与俄签订《奉天交地暂且章程》。黑龙江铁路交涉局成立后任总办，在任期间与俄员勾结，擅自签订木植、放荒、展地等多项合同，出卖国家大量利权，是“马家口案件”的造成者。后来，亦因该案件被查，撤职惩处。

2　《署黑龙江将军程德全奏本省生计将绝拟展拓铁路摺》（光绪三十一年三月初一日），王彦威纂辑、王亮编：《清季外交史料》，卷188，书目文献出版社，1987年，第1-2页。

3　［苏］罗曼诺夫著，民耿译：《帝俄侵略满洲史》，商务印书馆，1973年，第502页。

4　佟冬：《沙俄与东北》，吉林文史出版社，1985年，第488页。

5　李鸿文、张本政主编：《东北大事记（1840—1949）》上卷，吉林文史出版社，1987年，第357页。

清政府国民“出让”土地，然后支付少量金钱为自己的强盗行径披上合法的外衣，这其中最典型的就是马家口村民张永禄房地被强买案。案子的始作俑者就是与俄国中东铁路公司勾结的黑龙江交涉局总办周冕。案件中，黑龙江交涉局不跟有关当事人商量，就粗暴地下发一纸传令，要求张永禄等人将土地全部卖予俄人。张永禄等人以世守祖业为由，拒绝出售。但周冕等官员强迫村民们答应出让，无奈之下张永禄等提出解决方案，称：马家口是黑龙江门户，不愿出让，“拟请开作商埠，为华民稍留生计”。[1]时任代理黑龙江将军程德全在获悉案情后，要求周冕向中东铁路公司交涉，停止侵权行为。但据张永禄等呈报称，“周冕仍派人催领价钱”，强迫村民贱卖土地，并威胁“仍令卖予俄人，否则必至钱地两空”。[2]张永禄等国民“伏地哀求，声泪俱下”“情甘将地报效公家，招商开埠”，并声言，“至死决不卖予外人”。[3]消息传出后，民怨沸腾，“各城商人也纷纷呈请赴该处领地建房贸易”，以声援张永禄等，案件开始逐渐发酵扩大。作为此时黑龙江最高军政长官，程德全的态度是，马家口房地“既属民田，即由尔等同住或卖或租，听其酌办，公司亦

1　《署黑龙江将军程德全奏本省生计将绝拟展拓铁路摺》（光绪三十一年三月初一日），王彦威纂辑、王亮编：《清季外交史料》，卷188，书目文献出版社，1987年，第3页。

2　佟冬：《沙俄与东北》，吉林文史出版社，1985年，第491页。

3　《署黑龙江将军程德全奏本省生计将绝拟展拓铁路摺》（光绪三十一年三月初一日），王彦威纂辑、王亮编：《清季外交史料》，卷188，书目文献出版社，1987年，第3页。

系商务，断不至强行霸买”。[1]但俄国方面根本不予理睬。1905年9月，中东铁路公司派人威胁清政府国民，称：“勒限送交铁路公司，不与即排队践踏。”不久之后，中东铁路公司就派人践踏马家口村民的瓜地；9月9日，更是派员至马家口“殴打工人，抛毁器物，砍烧木植，凶狠异常”，将张永禄及附近居住者赶出十余里外。其后，清政府特派交涉专员，要求其“会同俄员详议”“倘该公司坚持前议，无可转圜，亦断不迁就”。[2]可是交涉中，因沙俄已造成既成事实，清政府无法逼迫沙俄把到嘴的肉再吐出来，终以妥协了事。之后，类似这种清政府国民土地被俄国非法侵夺的案件仍时有发生。

其次，沙俄当局为加强对北满的统治，迫不及待地通过非法广设民政机关，攫取中东铁路界内的行政权。1907年7月14日，沙俄驻哈尔滨领事刘巴发表通告称：中东铁路“租界一切地面管理权、警察权、庶务与布置各事，专属于铁路公司”。[3]该声明引起以清政府为首的各国的反对，但沙俄并不理会。同年12月份，沙俄发布“自治会”章程五十一条，宣布成立所谓的民政机关——“自治会”。通过该章程，沙俄划定了“自治会”的职权范围为：管理城市各种财产及资本，照管商业、慈善、卫生、保险、文教、交通及拘留所等，

1　《署黑龙江将军程德全奏本省生计将绝拟展拓铁路摺》（光绪三十一年三月初一日），王彦威纂辑、王亮编：《清季外交史料》，卷188，书目文献出版社，1987年，第3页。

2　《署黑龙江将军程德全奏本省生计将绝拟展拓铁路摺》（光绪三十一年三月初一日），王彦威纂辑、王亮编：《清季外交史料》，卷188，书目文献出版社，1987年，第4页。

3　佟冬：《沙俄与东北》，吉林文史出版社，1985年，第537页。

俨然是一个独立的地方政权。其后，沙俄分别在满洲里、海拉尔、博克图和绥芬河等地，先后成立了大量的"自治会"。[1]这些地方"自治会"的成立，使得中东铁路局完全成为"一个对我国东北进行掠夺和压迫的殖民统治机关"。[2]

沙俄攫取中东铁路界内的行政管辖权后，首当其冲遭遇俄军警打压的是华商。由于部分华商铺户位于中东铁路界内，"自治会"便以"治理"为借口，勒令华商纳税入会。广大华商愤慨不满，纷纷拒绝纳税与入会。1908年9月，各地"自治会"再次强硬命令华商购买货票、纳捐并入会，俄方威胁，如果拒绝，将封闭华商铺户。但广大华商仍然拒绝屈服。清政府就此提出交涉，要求俄"解散满洲里、海拉尔等处俄人擅设的自治会，不再强迫中国商人起卖货票"。[3]但是俄方未予理会，反而开始采取更多暴力行动。

1909年2月，沙俄出动大批军警查封华商商铺。在东北昂昂溪商埠等地，均有俄官"带俄兵将华商匾额损坏，各华商门口均有俄兵持枪看守，不准往来运货，并将旧街广顺栈柜房、货房、客房钉封，商人无地楼栖，车站华民皆露宿街头"。[4]清政府立即派出交涉委员与俄方官员当面交涉，可俄官"置之不理"，强硬要求"限各埠华商须于七日内，照新章纳捐，否则当将人货一齐驱出"。俄方的驱逐行动是整

1　哈尔滨满铁事务所编、汤尔和译：《北满概观》，商务印书馆，1937年，第13—15页。

2　李济棠编著：《中东铁路——沙俄侵华的工具》，黑龙江人民出版社，1979年，第78页。

3　李鸿文、张本政主编：《东北大事记（1840—1949）》上卷，吉林文史出版社，1987年，第366页。

4　《记东清俄人勒逼华商事》（1909年4月15日），《东方杂志》，卷6第3期，第7页。

体性的，“满洲、齐齐哈尔及海拉尔等地方，亦经俄人以兵力劝令”“限于七日内完纳税，否则将行驱逐”。俄方的行为蛮横无理，如清政府官员所述，“以上诸处，皆为中国主权完全之地，而俄人竟勒令商民完税”，殊甚愤懑。该事件也酿成严重的后果，俄方驱逐行为令“所有华人在哈埠之生业及住户、房屋，均被封禁，现华商资财尽失，生路断绝”，华商“群情汹涌，几欲暴动”。[1]

此事后，中俄双方为撤去所谓“自治会”展开了艰难的交涉，几经波折，才签订《东省铁路公议会大纲》。该文件一方面肯定铁路界内属于中国主权，但另一方面也认可沙俄可以成立“公议会”作为管理机构。[2]实际上，这个文件虽然表面上让清政府挽回了国家主权，但因未制定具体的细则限制俄方，俄国非法成立的“公议会”便被合法化了。[3]之后，沙俄可以堂而皇之地在北满扩充势力了。

概而言之，战后受到俄军警侵权较重的属当地平民和华商。由于殖民需要，沙俄当局掠夺清政府国民土地是侵权的重点，而势孤力弱的华民群体无力应对，多半以土地被夺或贱卖而结束。与以往在日俄战争期间使用暴力手段掠夺华民物资不同，这个时候的俄方多采取“逼领地价”的形式，声称“地价已发，立索画押”，强令华民签约，使侵夺方式“合

1　《记东清俄人勒逼华商事》（1909 年 4 月 15 日），《东方杂志》，卷 6 第 3 期，第 7—8 页。

2　关于这一点，大纲的第一条已规定“铁路界内主权属于中国”，同时考据其余十七条规定，内容实则是以“公议会”代替“自治会”。《外部奏东省铁路界内设立公议会经理地方自治与俄使商定大纲办法摺》（宣统元年三月二十一日），王亮编：《清宣统朝外交史料》，书目文献出版社，1987 年，第 3412—3414 页。

3　丁名楠等：《帝国主义侵华史》，第二卷，人民出版社，1986 年，第 260 页。

法”化。俄方在与清政府的交涉中“屡携合同及图说要挟”“执此与辩”，[1]令清政府备感棘手。清政府以利权不可轻弃的立场，照会铁路公司另议，但是“俄人恃强凌轹，屡协不议”，[2]交涉多无结果。

除了强令华商加入俄国所谓的“公议会”，俄国针对华商还有很多恶行，清政府官员将俄国迫害华人的罪行列为几大罪状，有关华商的几种形式为：违例虐待；劣讼贪赃枉法；税关之留难和任意殴辱华商等。[3]

1　佟冬：《沙俄与东北》，吉林文史出版社，1985 年，第 492 页。

2　《黑龙江程德全奏改订东省铁路公司购地伐木合同摺》（光绪三十四年三月二十六日），王彦威纂辑、王亮编：《清季外交史料》，卷 213，书目文献出版社，1987 年，第 14 页。

3　《谨将在崴交涉之事俄官生嫉之由缕细禀陈请唔俄使时一一代托由》（光绪三十三年五月二十五日），引自刘国磊：《二十世纪初沙俄在海参崴迫害华侨的暴行》，《社会科学战线》，1980 年，第 3 期。

第三节　清政府的应对

总体来看，尽管具体侵权方式和侵害对象有不同，但有一点是一致的，那就是日俄两国在战后都采取了新的侵权策略，那就是把挑战矛头对准了清政府的国家主权和行政权，两国均在各自势力范围内单方面设立了非法的殖民统治机构，试图为其非法治辖披上合法的外衣，所有暴力欺辱华官，凌虐华商，肆意杀戮华民的行为都被两国狡辩成是这些管理机构在行使管理行为，这也是清政府这一时期与日俄两国进行外交斗争的主要内容。

一、清政府应对日军侵权的努力

"间岛"事件后，日军斋藤秀治郎率日兵侵入延吉地区，并在六道沟成立所谓"统监府"派出所，自任所长。在其统治期间，肆意驻扎宪兵巡警，诱骗韩民拒交清政府租税，干涉清政府的司法权，俨然是"独立王国"。[1]根据国际公法，"凡自主之国，自主其事，自任其责，均可随意行其主权"，[2]他国不得侵犯。国际公法是肯定国家主权的完整性与排他

1　丁名楠等：《帝国主义侵华史》，第二卷，人民出版社，1986 年，第 252 页。

2　［美］惠顿著、［美］丁韪良译、何勤华点校：《万国公法》，中国政法大学出版社，2003 年，第 70 页。

性，[1]日本的上述行为属于典型的违背国际公法。为此，清政府外务部照会日本驻华公使阿部守太郎，称“延吉厅为我国领土，越垦韩民应由我地方官设法保护，请统监府撤回斋藤”，但是日本方面蛮不讲理，拒绝撤军。[2]阿部守太郎电复清政府外务部说：“间岛为中国领土，抑为韩国领土，久未解决。（延吉）该处韩民十余万，受马贼及无赖凌虐，拟由统监派员至间岛保护”，并提请中方官员勿阻拦“免生误会”。[3]

清政府回复称：“中韩边界，向以图们江为天然界限，本无间岛名目。来照所称间岛，实即延吉厅属和龙峪、光霁峪一带”，“该处旧设有延吉厅及分防……是此地为中国领土毫无疑义”。“至称韩民受马贼及无赖凌虐等语，现据东督电称并无此事”，韩民“既在我领土内，自应有我设法保护”。关于“来照所称统监派员一节，中国断难允从”。[4]清政府强硬的声明态度，日本方面的蛮横拒绝，令交涉双方僵持不下。

日本于是希望通过“统监府”的各种侵权行为，进一步营造既成事实，试图攫取更多清政府的权益。为此，清政府采取一系列的反制措施。其中最重要的是任命曾留学日本的东三省军事参议吴禄贞为延吉边务帮办，直接对接自己在日

1　[英]劳特派特修订，王铁崖、陈体强译：《奥本海国际法》上卷，第一分册，商务印书馆，1989 年，第 97 页。

2　《已越境时期》（光绪三十三年七月十六日），[清]吴禄贞：《延吉边务报告》，吉林文史出版社，1986 年，第 160 页。

3　《日本阿部使致外务部照会》（光绪三十三年七月十一日），[清]吴禄贞：《延吉边务报告》，吉林文史出版社，1986 年，第 160 页。

4　《外务部致日本阿部使照会》（光绪三十三年七月十六日），[清]吴禄贞：《延吉边务报告》，吉林文史出版社，1986 年，第 161 页。

本陆军士官学校的教官、此次延吉事件中的日军指挥官斋藤秀治郎。吴禄贞上任伊始，就前往拜会斋藤秀治郎，开宗明义告诉自己这位老师延吉自古就是中国领土，不知道他为什么要兴兵前来。斋藤辩称，此乃韩国领土，韩为日本保护国，日本有保护之责。吴禄贞说，朝鲜与中国在1885年划界谈判中均认以图们江心为界，有记录及图可资佐证。斋藤无以回答。双方几经谈判无果，斋藤命令日军划地插竿为界，吴禄贞立即令人拔掉。一时，日方剑拔弩张，虎视眈眈；吴禄贞的军队严阵以待，针锋相对。历经时日，斋藤始终未敢逾越雷池，无可奈何地撤兵东渡。此后不久，斋藤又打起在中国境内修建铁路的主意，派大批人员武装入侵图们江北，深入90余里，并在沿途打入木桩。吴禄贞得知后，连夜派人将木桩尽数拔除，并另立标志，详细注明地名里数，以示主权。

1907年9月，针对日本越来越嚣张的侵略行为，清政府任命曾任京张铁路总办的陈昭常（任内与詹天佑一起创修第一条由中国人自行设计施工的铁路。——编者注）为延吉边务督办兼吉林省各军翼长、署珲春副都统，与吴禄贞共同主管延吉事宜。集军政大权于一身的陈昭常到任后，在日本犯事较严重的局子街设立边务公署，与日方针锋相对。1907年10月，清政府更是扩大延吉厅的管辖范围，将吉林省"和龙峪、六道沟、珲春、铜佛寺、百草沟、凉水泉子、黑顶子等十余处，设派办处，归延吉厅管辖"。[1]

1908年11月，清政府调吴禄贞回京不久，日人又开始制造纠纷，清廷再次调吴禄贞前往延吉。吴禄贞带领两名部

1　李鸿文、张本政主编：《东北大事记（1840—1949）》上卷，吉林文史出版社，1987年，第355页。

属及六名测绘员，历时七十三天，纵横两千六百多里，“跋涉山川，穷极边塞”“复旁考列国之舆图，移译西人之记载，证以日韩之邦志，断以国史及诸名家之著录，荟萃成编”，最后绘成《延吉边务专图》，撰写了十万字的《延吉边务报告》。该图和书的出现，有力地驳斥了日本侵略者炮制的所谓“间岛争议”，为维护我国领土及主权完整作出了重大贡献。[1]

在延吉主权交涉问题上，清政府的态度是“坚拒维权”。我们剖析清政府态度强硬的原因，从吴禄贞所说略能窥之。吴禄贞说：“以法理言之，所谓国家最高权者，对内而言，曰‘统治权’，对外而言，曰‘主权’。领土之内，即在统治之下。”现“我国对于华民有统治之权力，自当尽保护之责，此我之主权也”。[2]若不抵制日方行动，将失国权，“盖国权所系，必自尽其保护权，而后能自保其主权”。[3]

在清政府应对日军对平民的侵权案件中，典型的有“日人强占韩民韩喜禄地造屋案”。案件如前文所述，日本宪兵藤谷浅吉在三道沟骨牌地方先是强租韩民韩喜禄居住，后来又强占其地基修建军事分遣所。[4]韩喜禄虽系韩民，但自幼被蔡姓中国人收养，早已是清政府国民的身份。[5]因此，对

1 参见朴庆辉：“吴禄贞与《与光绪丁未延吉边务报告》”，《东疆学刊哲学社会科学版》，1993 年，第 1 期。

2 ［清］吴禄贞：《延吉边务报告》，吉林文史出版社，1986 年，第 159 页。

3 ［清］吴禄贞：《延吉边务报告》，吉林文史出版社，1986 年，第 159 页。

4 《锡良陈昭常致外部日人恃强占地造屋请备案并各项交涉早日解决电》（宣统元年五月二十二日），王亮编：《清宣统朝外交史料》，卷 4，书目文献出版社，1987 年，第 37-38 页。

5 《锡良陈昭常致外部日人占地造屋关系巨大请严重交涉电》（宣统元年五月二十三日），王亮编：《清宣统朝外交史料》，卷 4，书目文献出版社，1987 年，第 41 页。

韩喜禄案，清政府是绝对有合法管辖权的。

案件中，韩喜禄呈报称：“今年四月日宪兵欲租未允，五月初旬日宪兵竟强占建遭房屋，无法阻止，恳求追还。”清政府派员交涉阻止，但是日方不回应，反加紧建造，“实属有意侵犯主权”。[1]延吉边务督办陈昭常对该案件的危害性有充分的认识。他说：“延吉僻处边陲，土地权尤不得不加意防范”“现日人强占民地……实属有意侵犯主权，况韩喜禄实与华民无异，尤当力任保护，以对归化者之心。若不将被占地基争回，惟无以对韩喜禄，将何以对韩境十余万喁喁望治之边民？”[2]清政府对此案还有更深层的考虑，即“若任其强占，以后随处可以建造，延境土地权竟将谁属？”所以该案虽小，但关系很大，必须认真应对。[3]

时任东三省总督锡良（1909 年 2 月 8 日 -1911 年 4 月 20 日在任。——编者注）接到陈昭常的情况汇报后，当即致电外务部，要求对日本提出严重交涉，强烈要求“斋藤（秀治郎）将所造成房屋拆毁，所占民地退回原主”。锡良为此还紧急派员诘问斋藤，但斋藤声称：“势在必成，不肯停造。”[4]之后清方依据国际公法及实地调查报告与斋藤进行了数次交

1　《外部致伊集院日兵在三道沟占地盖房请饬斋藤停止照会》（宣统元年五月二十六日），王亮编：《清宣统朝外交史料》，卷 5，书目文献出版社，1987 年，第 2 页。

2　《锡良陈昭常致外部日人占地造屋关系巨大请严重交涉电》（宣统元年五月二十三日），王亮编：《清宣统朝外交史料》，卷 4，书目文献出版社，1987 年，第 41-42 页。

3　《锡良陈昭常致外部日人占地造屋关系巨大请严重交涉电》（宣统元年五月二十三日），王亮编：《清宣统朝外交史料》，卷 4，书目文献出版社，1987 年，第 41 页。

4　同“注 2”。

涉，“彼辞穷理屈，置之不理，而房屋修建如故”。[1]“口舌既穷”下，清方一些官员甚至提议使用武力，强硬拆除日方所造房屋。但是，如陈昭常所说：“若用武力将日人所造房屋拆毁，事关国际，或酿成意外事故，又非我帅慎重边务之至意。”[2]究其缘由，国力孱弱才是无法的根本原因。案件后来提请清政府外务部与日使直接交涉，但仍然僵持不下，后来还是不了了之。

此后的诸多侵权案件中，清政府一直坚持“坚拒维权”的立场，针锋相对，据理力争。至于努力维权的结果，那就不是清政府单方面的努力所能左右的了。

二、　清政府应对俄军警侵权的努力

如前文所述，沙俄在战后以中东铁路需展拓路界为借口，肆意侵占界内华民土地。为获得“合法”的外衣，1903年，中东铁路公司曾与黑龙江交涉局总办周冕私自订立中俄展购铁路附近地亩的合同。现该合同原文已难寻阅，但如时任代理黑龙江将军程德全所言：“此次所立合同，自松花江北岸至满洲里大小各车站拟展地基，统计至三十余万垧之多，地之被占者若干，民之失业者甚多。”[3]此次“（中东）铁路

1　许健柏：《中日“徐占魁、吴起瑞案”交涉探析》，《湛江师范学院学报》，2014年，第4期，第144页。

2　同“注3”。

3　《署黑龙江将军程德全奏本省生计将绝拟展拓铁路摺》（光绪三十一年三月初一日），王彦威纂辑、王亮编：《清季外交史料》，卷188，书目文献出版社，1987年，第2页。

展占之地，皆由该革员（周冕）私相授受”，[1]清政府方面“均未承认”。

此次案件造成的影响很严重，清政府为此进行了调查。1906年，时任哈尔滨铁路交涉局总办宋小濂便对周冕发难，对其卖地行为进行了周密调查。据周冕供述，他与俄国所订合同大意是：俄铁路展地二十万垧；往后俄方不再展占民地；布特哈私售之六百数十里卖契，设法作废；[2]所占海拉尔城市，仍旧让还；所购屯民房屋，三五年后再迁；各城官地照各屯公地给价，所购地内如有矿产，不在其内相要。[3]

在周冕的辩解辞中，俄国原意是要求清方“在铁路两旁各让给一百二十俄里”，但是经过周冕的“竭力争论”才改为“需地二十万垧”。沙俄“见其词意决绝，且我纵力争，彼自展占，无可如何”，只有“两害相形，取其轻者”，“与其私立条约”。[4]况且，沙俄“武廓米萨尔曾迫令萨署将军（萨保，1902年7月—1904年5月任代理黑龙江将军。——编者注）允让铁路两旁，各一百二十俄里及布特哈私售六百数十里之后”，程署将军（程德全，1905年5月–1907年4月任代理黑龙江将军。——编者注）也曾承认此事，答应允让铁路用地。既然程德全早已与俄允认，有此先例下，“未便责其私相授受之说也”。[5]

1　《抚东政略·周道亲供六》，[清]宋小濂著，李澍田主编，蒙秉书等编注：《宋小濂集》，吉林文史出版社，1989年，第284页。

2　该条款是指：“曾有布特哈正蓝、厢蓝、厢红三旗，将自碾子山至西兴安岭，计长六百数十里两盘地亩卖给铁路公司，任听占用，并无限制，得俄钱四千卢布，已立契绘图为据”。因所卖之地实为甚广，影响极大，清方亦未画押，乃地方官员之所为。清政府提请合同作废，不予承认。

3　《抚东政略·周道亲供六》，[清]宋小濂著，李澍田主编，蒙秉书等编注：《宋小濂集》，吉林文史出版社，1989年，第285页。

4　同“注1”。

5　《抚东政略·周道亲供六》，[清]宋小濂著，李澍田主编，蒙秉书等编注：《宋小濂集》，吉林文史出版社，1989年，第287页。

宋小濂对周冕的说辞进行了一一批驳。首先，周冕称以前程德全将军已经与俄方“接头”，将军本人也已允认，所以“未便责其私相授受”。对这种说法，宋小濂驳斥说，程德全将军从本年（光绪三十一年，即 1905 年。——编者注）四月到任至十月间，“半年之久”，周冕始终未向程德全将军“露展地一字”，现牵入程将军其实乃图“置身事外”。至于“萨将军（授权）一百二十俄里之说，事属暧昧，无可稽考”。接着，周冕说三旗所卖之地“已立契绘图为据”，按照国际公法，“既有用印及指模为据，安能谓自废则废”（周冕曾说该协约作废）。况且“此卖契、地图现存于何处？”现在因周冕与俄国私相“画押之约”，“经大部力为主持，俄国公使亦允不以为据，派员另商”，可“至今（中东铁路公司）尚坚执不能作废”。周冕为何“能于地方副管用印及指模卖契地图一律作废，又不指出该卖契地图所在，事之有无，谁得知之？”[1]

经过宋小濂有理有据的批驳，周冕被撤职查办。但是，因周冕是以清政府官员身份签的合同，俄国方面方屡次以这个合同经清方官员正式“立索画押”为据，逼迫铁路界内相关华民出让土地。在给清政府的奏折中，代理黑龙江将军程德全称大量华民“有失业流离之苦，泣求保护，意甚凄皇”。[2]清政府为维护国民权益，减少损失，命令宋小濂与俄交涉废改周冕所签的非法合同。1906 年 8 月，宋小濂与中东铁路公

1　《抚东政略·驳亲供六》，［清］宋小濂著，李澍田主编，蒙秉书等编注：《宋小濂集》，吉林文史出版社，1989 年，第 300 页。

2　《署黑龙江将军程德全奏本省生计将绝拟展拓铁路摺》（光绪三十一年三月初一日），王彦威纂辑、王亮编：《清季外交史料》，卷 188，书目文献出版社，1987 年，第 2 页。

司总办霍尔瓦特在哈尔滨会谈修约，“该商办坚欲就原合同商改，不肯作废”。[1]后来，经过程德全及宋小濂多次“据理力争”，才得“重新商议”。[2]

会谈中，“呼兰、诺敏二河”[3]是双方交涉的重点。据程德全所说，呼兰河，贯穿呼兰、绥化、余庆、兰西等二府两县，是“为交通要道”。俄方曾在该处伐木，“已有拦阻不准华商通运之举”“若将此河拨给公司，势将据我形势，扼我咽喉，不仅揽我利权而已”。清政府方认识到“二河”战略地位的重要，因此“无论（中东铁路）公司如何要挟，始终坚持未允”，甚至“该公司见事难如愿，置而不议者两月”。[4]双方交涉持续一年多，“经岁磋磨，会议至二十三次”，期间“该总办以前合同视为已得权利，多方狡执”，谈判“殚竭心力，舌敝唇焦，乃将购地合同议定签押”。[5]

1907 年，双方重新签订合同，与此前合同相比，挽回了很多利权。“不惟呼兰、诺敏、浓浓等河毫未拨给，而地段亦减缩十分之九”“前合同允给二十万垧，此次改定

1　《抚东政略·改订购地伐木合同并择尤保奖摺》，[清] 宋小濂著，李澍田主编，蒙秉书等编注：《宋小濂集》，吉林文史出版社，1989 年，第 335 页。

2　《黑抚程德全奏改订东省铁路公司购地伐木合同摺》（光绪三十四年三月二十六日），王彦威纂辑、王亮编：《清季外交史料》，卷 213，书目文献出版社，1987 年，第 14 页。

3　呼兰河为松花江支流，位于黑龙江省中部。源出小兴安岭，上游克音河、努敏河等支流汇合后称呼兰河。而诺敏河则是“嫩江支流，呼兰河上源”，发源于大兴安岭支脉伊勒呼里山南麓，河长 467 千米。

4　《黑抚程德全奏改订东省铁路公司购地伐木合同摺》（光绪三十四年三月二十六日），王彦威纂辑、王亮编：《清季外交史料》，卷 213，书目文献出版社，1987 年，第 14 页。

5　《黑抚程德全奏改订东省铁路公司购地伐木合同摺》（光绪三十四年三月二十六日），王彦威纂辑、王亮编：《清季外交史料》，卷 213，书目文献出版社，1987 年，第 14 页。

十二万六千垧，减去七万余垧”“前合同官地每饷垧定价五卢布，此次议加为八卢布”，统计“增出地价二十三万余卢布，且订明永不再展，以杜后来觊觎”。[1]该合同不但地价补偿提高了许多，而且声明“永不再展”，这就在一定程度上消除了铁路界内国民对土地日后再次被占的顾虑。尤其合同第五款，有关在“车站相近地方，竭力设法为华商留出足用便利地段”“由华商自行经理”等规定，对侵损华商的利益的行为作了一定程度的限制。[2]

1906年，沙俄在中东铁路界内单方面设立所谓民政机构——“自治会”，非法向铁路界内中国国民征税。清政府当即与俄国展开外交交涉，要求俄“将理事会解散，不得再有逼勒华民情事”。[3]俄方罔顾国际公法，非法在中东铁路界内设立民政机构并施行管理，是“严重侵犯中国领土主权”。[4]但是，俄方声称其有权在铁路界内施行“自治”，其所依据的是1896年签约的《中俄合办中东铁路合同章程》之第六款：“凡该公司之地段，一概不纳地税，由该公司一手经理。”[5]沙俄正是在“经理”二字上做文章。按照传统条约签署惯例，该约的文本分俄、中、法三种文本，如果有争议，以法文为准。争议正是该约第六款处，华文“经理”

---

1 《抚东政略·改订购地伐木合同并择尤保奖摺》，[清] 宋小濂著，李澍田主编，蒙秉书等编注：《宋小濂集》，吉林文史出版社，1989 年，第 336 页。

2 《抚东政略·改订铁路购地合同》，[清] 宋小濂著，李澍田主编，蒙秉书等编注：《宋小濂集》，吉林文史出版社，1989 年，第 338—339 页。

3 《附外务部来函》（光绪三十四年九月十八日），[清] 徐世昌著，李毓澍编：《东三省政略》，卷三（交涉篇），文海出版社，1965 年，第 1983 页。

4 佟冬：《沙俄与东北》，吉林文史出版社，1985 年，第 537 页。

5 王铁崖编：《中外旧约章汇编》，第 1 册，三联书店，1959 年，第 673 页。

二字，在法文却是“治理”二字。对此，吴禄贞点评说：“误会阶之厉也。”[1]按此译义，俄方声称“俄人所设理事会与租界所立工部局相同”“（俄方认为两者）确有相类之势”，且合约内有“虽曰造路，亦与设立外国人居住通商地段之意相合”的表述，既然如此，俄方认为当然不能说他们的行为是“非法”。[2]

清政府则认为，“以铁路地段视同租界，我断不能承认，自当严行拒驳”。关于中东铁路合同中所提的“一手经理”，清政府的原意是：“许该公司建设铁路之办法，内称该公司有铁路购地界内治理专权”，实指“关于铁路事务而言，如材料、车站、房屋类，凡范围公司以内之事，自有治理之权”。但是，如果是在地界内“如裁判、巡警、卫生各事，则管理之权归中国”。更何况，“该公司之经营商务者，何涉政治？”现在以“一公司而要挟我政府”，我必须“坚拒”。就俄方凭借法文“治理”二字发难，时任东三省总督徐世昌查阅条约原文后，表示“汉文合同第六条内，并无此六字”，[3]而且，中东铁路合办章程“并无以法文作准之条，是以本部解释第六条只能抱定汉文”。[4]另外，清政府还引用该章程第

1 《记东清铁路自治会》，［清］徐世昌著，李毓澍编：《东三省政略》，卷三（交涉篇），文海出版社，1965 年，第 1973 页。

2 《附外务部来函》（光绪三十四年九月十八日），［清］徐世昌著，李毓澍编：《东三省政略》，卷三（交涉篇），文海出版社，1965 年，第 1983 页。

3 据王铁崖的《中外旧约章汇编》中注明：合办中东铁路章程原文在柏林签订时，在“建造、修理”后还有“经理”二字，但汉文本寄到北京时已取消“经理”二字。

4 《光绪三十四年正月三十日外务部复俄使照会》，［清］徐世昌著，李毓澍编：《东三省政略》，卷三（交涉篇），文海出版社，1965 年，第 2019 页。

五款，[1]“凡该铁路及铁路所用之人皆由中国政府设法保护，所有铁路地段命、盗词讼等事由地方官照约办理”之语，“足证地方治理之权全在中国，毫无疑义”。所以，俄方的行为属“侵碍中国之主权，本部断难允认”。[2]但是，俄国对此也反驳说：“第五款系专指中国应设法保护各种侵害铁路及铁路所需人员”，此是“该合同原法文之意”。第六款已“明晰开载经理铁路地段之权归于铁路公司自握，是则不能以该合同第五款解释此权”。[3]

对于俄国的反应，清政府再次重申有关章程第六款的解释并非俄国主张的意思，“‘由该公司一手经理’之八字”，系专指“经理地段而言，毫无治理地段内人民之意旨”。况且“当年中国政府允订此项合同，只允该公司有经理铁路所需地段之权，并未许该公司以治理地段内人民之权”。另外，对于俄方有关第五款的解释，清政府方面也不认同。该条款是指“中国政府设法保护，无论扰害。凡足以害铁路及铁路所用之人者，无论铁路扰害之端出于铁路地段以内，或地段以外，皆有中国政府担任保护之责任”。该款的华文与法文意思都很清楚，“而并无铁路地段以外以内之别也”，所以“铁路地段内治理人民之权自系为中国政府所握”。俄国“创

1 该章程第五款为：凡该铁路及铁路所用之人皆由中国政府设法保护，至于经理铁路等事需用华、洋人役，皆准该公司因便雇觅。所有铁路地段命、盗词讼案件，由地方官照约办理。引自王铁崖《中外旧约章汇编》，三联书店，1959 年。

2 《光绪三十四年正月二十四日外务部致各国公使照会》，［清］徐世昌著，李毓澍编：《东三省政略》，卷三（交涉篇），文海出版社，1965 年，第 2016 页。

3 《光绪三十四年正月二十五日俄使照外务部照会》，［清］徐世昌著，李毓澍编：《东三省政略》，卷三（交涉篇），文海出版社，1965 年，第 2017 页。

设自治会系侵害中国政府治理人民之权”，这没有疑问。[1]

此后，中俄双方仍然持续交涉，俄国为迫使中国退让，变本加厉，肆意成立更多“自治会”，并制造大量勒逼华商、封闭商铺的暴行。俄国的倒行逆施激起中东铁路界内华民的强烈抗拒，他们纷纷拒绝加入“自治会”，许多华商也拒绝向理事会申请执照和纳税。他们冒着受迫害的危险，坚决维护清政府国权。[2]

在华商舆论的压力下，清政府再次照会俄方“迅将理事会解散，不得再有勒逼华民情事”。[3]同时，哈尔滨滨江道道员施肇基、交涉局道员于驷兴也一再与俄国强硬交涉，清外务部也不断向俄国公使璞科第提出质询。俄国理屈，就开始推三阻四，双方交涉陷入僵局。形势如东三省总督徐世昌所说：“以目前形势而论，我虽坚持到底与之力争，彼族恃强安心狡执，早抱定不移”“此时空言拒驳，难收实效也”。[4]清政府别无他法之下，也只好开始谋求妥协。

1909 年 3 月，施肇基、于驷兴与俄国公使璞科第及中东铁路总办霍尔瓦特等举行最终谈判，终于签订《东省铁路公议会大纲》十八条。“大纲”肯定“铁路界内，首先承认中国主权”，[5]但是，第六款又肯定界内成立“公议会”的合法性，

1 《光绪三十四年正月三十日外务部复俄使照会》，［清］徐世昌著，李毓澍编：《东三省政略》，卷三（交涉篇），文海出版社，1965 年，第 2017 页。

2 丁名楠等：《帝国主义侵华史》，第二卷，人民出版社，1986 年，第 252 页。

3 《附外务部来函》（光绪三十四年九月十八日），［清］徐世昌著，李毓澍编：《东三省政略》，卷三（交涉篇），文海出版社，1965 年，第 1983 页。

4 《附外务部来函》（光绪三十四年十一月），［清］徐世昌著，李毓澍编：《东三省政略》，卷三（交涉篇），文海出版社，1965 年，第 1993 页。

5 王铁崖编：《中外旧约章汇编》，第 2 册，三联书店，1959 年，第 565 页。

并有对居民实行自治的原则。再加上其他补充条款，该“大纲”实际上是变相承认俄方可在其铁路界内实行“自治”，仅是减少了侵害清政府商民权益的条款，增加了保障华商权益的内容而已，如“大纲”中规定哈尔滨华商会有权公举三人入哈埠办事处，“参预其事”，并且中东铁路界内“华商权限与俄商平等无异”等。[1]这已经是清政府为中东铁路界内国民能争取到的最好结果了。

1 《外务部致英美德奥各使抄送中俄东省铁路公议会大纲照会》（宣统元年三月二十一日），王亮编：《清宣统朝外交史料》，卷10，书目文献出版社，1987年，第34-37页。

第四节 前车之鉴，后车之师

依据国际公法，“局外之国与二战国均系友谊，无分彼此，放在其疆内行战权者，即为干犯公法。”[1]日俄战争中，两军侵害华民权益的现象非常严重，凡两军经过之处，“菽黍、高粱均被收割以作马料，纵横千里，几至赤地”；[2]两军“日以分路谋攻，遍野灾黎，疮痍满目”，至于“杀人烧房荡析离居情事”，多不胜数。[3]两国因战争而引发的系列侵害清政府国家主权和国民权益的案件，显然违背国际公法。

面对两国暴行，清政府曾作出过相应的努力，极力维护自身的权益。从国际法的角度来看，清政府的保护行为符合国际公法中的国家自护权的规定。国家自护权，又称自保权，是每一个国家都享有的基本权利。[4]《万国公法》认为：“诸国自有之原权，莫要于自护。”[5]它认为国家自护权是一个国家最

1 ［美］惠顿著、［美］丁韪良译、何勤华点校：《万国公法》，中国政法大学出版社，2005 年，第 227 页。

2 商务印书馆编译所编：《日俄战纪全书》，第十三册，商务印书馆，1908 年，第 85 页。

3 《增祺等为筹办日俄战事经过地方赈抚情形请饬部拨款奏折》（光绪三十年七月十一日），辽宁省档案馆编：《日俄战争档案史料》，辽宁古籍出版社，1995 年，第 307 页。

4 ［英］劳特派特修订，王铁崖、陈体强译：《奥本海国际法》上卷 第一分册，商务印书馆，1989 年，第 224 页。

5 ［美］惠顿著、［美］丁韪良译、何勤华点校：《万国公法》，中国政法大学出版社，2003 年，第 57 页。

重要的权利，既包括对国家领土等物权的保护，也包括对本国国民人身及财产等要素的保护。如其所说：“国之所以为国者，即因其为自主，而有义之当守，有权之可行。”[1]当一个群体组成一个国家，这个国家便被赋予独立之主权，既有自身生存、发展的权利，也有保护本国国民的义务。从国家自护权的角度来看，清政府在日俄战争期间对战境华民权益的保护行为，属履行保护国民的义务，法理上具有正义性。

清政府的行动属于正义，努力也很充分，但是，迫于孱弱的国力，根本无法在外务交涉中逼迫两国退让，正如东三省总督徐世昌当时所说的那样，“无武力强权盾夫，其后仅持公法条约以断断争持，虽笔秃吻枯，亦徒劳无补也。”[2]

而在战后的索赔交涉中，《万国公法》已明言，“在局外之境捕得货物，捕者固当归还”；[3]如果有破坏局外国境资产道德事情，局外国有权向交战国提出索赔。国际公法承认国家的求偿权。[4]正是有这个国际公法，清政府才理直气壮向两国提出损害赔偿交涉，就战地“被日俄经战蹂躏，各地方伤毙人合、焚毁房屋，损失田产地亩、牲畜、财物各项”，详细查明，“分别日、俄两国以及被战损伤月日缘由，填注

1 ［美］惠顿著，［美］丁韪良译，何勤华点校：《万国公法》，中国政法大学出版社，2005年，第57页。

2 《交涉·述要》，［清］徐世昌著，李毓澍编：《东三省政略》，卷三（交涉篇），文海出版社，1965年，第1945页。

3 ［美］惠顿著、［美］丁韪良译、何勤华点校：《万国公法》，中国政法大学出版社，2005年，第229页。

4 ［英］劳特派特修订，王铁崖、陈体强译：《奥本海国际法》上卷，第一分册，商务印书馆，1989年，第164页。

底册”，[1]最后统向“战国索偿”。[2]但是，事实证明，清政府的交涉极为艰难，俄方甚至直接否认曾在战时承诺过赔偿。经过与俄国多轮交涉，清方代表为此“殚竭心力”，几至“舌敝唇焦”，才获俄赔偿崴埠受损华商损失“二十五万卢布”。至于其他损失，“虽力商加增，彼终未允”。[3]而在与日本交涉中，迫于对方战胜国——对清朝来说，日本现在是“加权”战胜国——的威势，清政府不敢直接提出索偿要求，而寄希望于委婉的温和的间接的方式，让日本归还部分权益，用我们今天的话说就是“曲线救国”。在战后北京善后谈判中，清政府畏畏缩缩、战战兢兢地提出了索赔要求。但经过多轮的交涉，日本也拒绝赔偿其军队在战时所造成的损失，仅将战时所侵占的部分固定资产予以归还。即使是这部分固定资产，最后也被日方以“俄人产业”等借口而改为展览地或医院了。至此，清政府对日俄两国的战后索赔都折戟沉沙，终以不了了之结束。

如果从国际法的视角评判清政府该时期的维权努力，可以看出清政府的维权行为完全是有理有据。事实上，希冀依仗国际法维权的清政府甚至比自诩为“文明国家”的日俄更为严苛地遵守了国际法。即使面对战时俄国逃兵或难民进入

1 《孙长青呈报兴京东北西各路被日俄伤毙人命损失估价清折》（光绪三十一年十一月二十九日），辽宁省档案馆编：《日俄战争档案史料》，辽宁古籍出版社，1995 年，第 460 页。

2 《青亲王等为日俄议和应将中国公私财产损失情况查明以便向战国索赔事致赵尔巽函》（光绪三十一年六月十六日），辽宁省档案馆编：《日俄战争档案史料》，辽宁古籍出版社，1995 年，第 429 页。

3 《使俄胡惟德致外部海参崴赔款现经各埠议准电》（光绪三十三年七月二十二日），王彦威纂辑、王亮编：《清季外交史料》，卷 204，书目文献出版社，1987 年，第 18 页。

我国中立区避难等国际纠纷，清政府仍据国际法合理合规地予以处理。就该时期清政府的维权努力来看，过去简单地否定该时期清政府的维权努力，是有失公允的。我们应该注意到的是，清政府在该时期维权的决心及方式，尤其对国际公法的熟练运用上，已经反映出晚清政府在近代外交观念上的进步和国家在缓慢地向近代化的道路上推进，当值得肯定。

但是，总体而言，不可否认清政府在日俄战争期间及战后对国家和国民权益的保护是失败的。究其原因，不外乎以下几点：

第一，国力才是国家立足于世界的根本。

“强权即公理”，这句话是放之四海而皆准的“真理”。就清政府维权失败的根本原因，我们找不出比这句最简单的话更能准确概括得了。在与交战国维权交涉的过程中，清政府可以说赢了过程，输了结果。其原因，最根本的还是无强大国力，没有强大国力背书的外交斗争，是没有任何实际意义的。晚清时代的中国，“国力”的概念某种程度上等同于国家的经济实力和军事实力的总和。[1]现今社会，国力并不单指某种力量或因素，更多指一个国家政治、经济、军事和文化等所有因素系统综合的总和。[2]晚清中国的国力不振，经济实力和军事实力衰弱固然是重要原因，但归根溯源，晚清中国制度的落后、文化的落后才是导致国力衰弱的主因。

1　关于该点认识，梁启超的《论小说与群治之关系》曾谓：今我国民“因迎神赛会而岁耗百万金钱，废时生事，消耗国力者，曰惟小说之故”。而范文澜在《中国通史》，第十卷亦曾谓：清王朝经过康熙、雍正两朝的经营，到乾隆即位时，已经成为“国力富盛的大国”。从他们的言论可知，近代中国的“国力”概念多侧重经济实力，同时亦辅之军事实力的认识。

2　参见贾海涛：《综合国力系统论刍议》，《暨南学报（哲学社会科学版）》，2002 年 7 月，第 4 期。

反观近代或现代强国，无一不是文化发达之国。因此，现代中国社会强调以“大文化”[1]概念打造强大的综合国力，这是非常正确且极富远见的。

第二，清政府高估了国际法的作用。

国家权益是国际关系学与国际政治学中的一个基本概念，维护本国或国人的权益，当然离不开国际法。国际法既是规范国际社会行为的准则，也是各国之间相互斗争的有力武器。自近代以来，在西方文化的冲击下，国际法的相关理论开始传入中国，并很快得到清政府的允认。清政府也试图将其作为抵制列强侵略的工具。[2]如《申报》所言：方今“大敌当前，强邻逼处，北顾眈其虎视，东瞻肆其鲸吞，屏障不存，藩篱尽失”。为今之计，“我欲自强，必先入于万国公法之中，遣使出洋以与泰西列国相周”。当有外交冲突，“恃有万国公法在，必有出而折中、以与我排难解纷者，如是不战而屈人之兵、不烦一兵、不折一矢而自胜乎”。[3]1872年发生的台湾琉球遭风难民案是清政府较早运用国际公法进行交涉维权的案例。而1884年中法战争外交交涉更是清政府对国际公法知识的一次大运用。

延至1904年的日俄战争，清政府再试图借公法以维护战境华民权益。战争爆发后，清政府通过宣守“局外中立”政策，希冀借国际公法维权。据公法，一国宣布中立并已得到交战国及国际社会的承认，中立即为有效，且应承担由中

1　贾海涛：《综合国力系统论刍议》，《暨南学报（哲学社会科学版）》，2002年7月，第4期，第21页。

2　李育民:《晚清时期条约关系观念的演变》,《历史研究》, 2013年，第5期，第91页。

3　《论所以待泰西之道》，《申报》，1887年4月24日，第1版。

立所派生的权利和义务。但考察日俄两军的行为，两国并未尊重国际法所赋予中国的中立国的权利。战时日俄两军对战境华民权益的各种侵害，既侵犯了中立国所享有的各种权利，更违反了国际法体现人道主义精神的各种规定。其中，日俄两军很多严重侵害战境华民权益的行为，已属违反战争法规的战争罪。

对于日俄两军的倒行逆施，清政府希图凭借公法"本于正义"的性质，与两国进行交涉维权。但实际上，单纯倚仗所谓公法，发几道无关痛痒的外交声明，缺乏有效的外交反制措施，根本不能在谈判桌上取得胜利，也无怪乎东三省总督徐世昌慨叹"仅持公法条约以断断争持，虽笔秃吻枯，亦徒劳无补也"。清政府依仗公法进行维权，准备是充分的，可最后仍是失败告终，证明在传统国际法时代，公法并不足恃。当时中国正步履蹒跚地迈向近代化，根本不能为运用国际法维权提供近代国家足够的地位与实力支撑，也没有整个民族权利意识觉醒氛围的推动。从根本上来说，这个国际法的运用需要整个中国社会在近代化进程中不断在政治、经济、思想和文化等方面积蓄力量，最终通过中华民族的整体觉醒，采用包括外交在内的强硬手段去解决，这才是正确之道，这恰是当时清政府所无法做到的。

反观现代，国际法对规范国家间的行为及效力均比过去有了极大的改善。[1]其中，全球化浪潮下，国际法在国际政治中进一步强化了国家主权原则、对国家安全提供道义支持、维护世界和平与安全及建立国际新秩序等方面，均发挥了重

1　庞永三：《试析全球化时代国际法在国际政治中的作用》，中国社会科学院研究生院硕士论文，2002 年，第 2 页。

要作用。但是，我们仍不能对国际法在国家维权交涉中抱以太大的信心。大国间的国际交涉，归根到底，实际上就是综合国力间的较量。无对等国力，而仅恃国际法的正义性，交涉结果会是什么样不言而喻。只有强大自身，并辅以国际法的合理运用，才能较好的在复杂的国际环境下维护我国国民的权益，防止历史悲剧重演。

前车之鉴，后车之师。随着现今中国国力的强大，曾经影响清政府运用国际法维权效果的许多因素，今天已经彻底改观。在现今我国对外国际交往、冲突和危机的交涉及其他各种外交斗争中，国际法正显现出其不可替代的作用。因此，汲取清政府的教训，学习国际法、遵守国际法、巧妙运用国际法，以国际法为先锋，以强大国力为后盾，综合运用，灵活处置，方是现今更好维护国家权益的正确之道。

参考文献

一、原始资料

[1] 中国第一历史档案馆编：《清代军机处电报档汇编》，中国人民大学出版社，2005 年。

[2] 中国边疆史地研究中心、辽宁省档案馆合编:《东北边疆档案资料选辑》，广西师范大学出版社，2007 年。

[3] 辽宁省档案馆编：《日俄战争档案史料》，辽宁古籍出版社，1995 年。

[4] 孙学雷、刘家平主编：《国家图书馆藏清代孤本外交档案》，全国图书馆文献缩微复制中心，2005 年。

[5] 王彦威纂辑、王亮编：《清季外交史料》，书目文献出版社，1987 年。

[6] 中国第一历史档案馆编:《光绪宣统两朝上谕档》，广西师范大学出版社，1996 年。

[7] 中华书局编：《清实录》，中华书局，1987 年。

[8] 北平故宫博物院编:《清光绪朝中日交涉史料》，北平故宫博物院文献馆，1932 年。

[9] 天津图书馆、天津社科院历史研究所编:《袁世凯奏议》，天津古籍出版社，1987 年。

[10] 国家图书馆分馆编:《清末时事采新汇选》，北京图书馆出版社，1997 年。

[11] ［清］吴禄贞：《延吉边务报告》，吉林文史出版社，1986 年。

[12] ［清］徐世昌著，李毓澍编：《东三省政略》，文海出版社，1965 年。

[13] ［清］宋小濂著，李澍田主编，蒙秉书等编注：《宋小濂集》，吉林

文史出版社，1989 年。

[14] 张元济主编：《外交报汇编》，国家图书馆出版社，2009 年。

[15] 中国史学会主编:《中国近代史资料丛刊——中日战争》,新知识出版社,1956 年。

[16] 上海大学法学院、上海市政法管理干部学院编：《大清律例》，天津古籍出版社，1993 年。

[17] 北京政学社编：《大清法规大全》，考正出版社，1972 年。

[18] 东亚同文会编，胡锡年译：《对华回忆录》，商务印书馆，1956 年。

[19] 陆学艺、王处辉主编：《中国社会思想史资料选辑　晚清卷》，广西人民出版社，2007 年。

[20] 康有为撰，姜义华、张荣华编：《康有为全集（增订本）》，中国人民大学出版社，2007 年。

[21] 周秋光编：《熊希龄集》，湖南出版社，1996 年。

[22] 郅志选注:《猛回头——陈天华、邹容集》,辽宁人民出版社,1994 年。

[23] 辽宁省档案馆编:《满铁调查报告》,广西师范大学出版社,2008 年。

[24] 王亮编：《清宣统朝外交史料》，书目文献出版社，1987 年。

[25] 王铁崖编：《中外旧约章汇编》，三联书店，1982 年。

[26] 复旦大学历史系中国近代史教研组:《中国近代对外关系史资料选辑:1840—1949》，上海人民出版社，1977 年。

[27] 全国图书馆微缩文献复制中心：《国家图书馆藏清代孤本外交档案续编》，全国图书馆微缩文献复制中心，2005 年。

[28] 北京故宫博物院编辑:《清宣统朝中日交涉史料》,文海出版社,1963 年。

[29] 吉林师范学院古籍研究所、李澍田：《清实录东北史料全辑》，吉林文史出版社，1988 年。

二、报纸、杂志

[1] 《东方杂志》

[2] 《俄事警闻》

[3] 《警钟日报》

[4] 《申报》

三、论著（含译著）

[1] ［美］惠顿著、［美］丁韪良译、何勤华点校：《万国公法》，中国政法大学出版社，2003 年。

[2] ［德］步伦撰、［美］丁韪良译：《公法会通》，光绪二十四年刻本。

[3] ［美］ 丁韪良译：《公法便览》，光绪三年刻本。

[4] ［英］劳特派特修订，王铁崖、陈体强译：《奥本海国际法》，商务印书馆，1989 年。

[5] ［英］菲利浦·约瑟夫著，胡滨译：《列强对华外交（1894—1900）——对华政治经济的研究》，商务印书馆，1959 年。

[6] ［苏］罗曼诺夫著，民耿译：《帝俄侵略满洲史》，商务印书馆，1973 年。

[7] ［苏］维特、［美］亚尔莫林斯基著：《维特伯爵回忆录》，商务印书馆，1976 年。

[8] ［苏］国家中央档案局：《日俄战争—库罗巴特金、利涅维奇日记摘编》，商务印书馆，1976 年。

[9] ［苏］鲍·亚·罗曼诺夫：《日俄战争外交史纲：1895—1907》，上海人民出版社，1976 年。

[10] ［日］铃木隆史：《日本帝国主义对中国东北的侵略》，吉林教育出版社，1996 年。

[11] ［日］信夫清三郎：《日本外交史》，商务印书馆，1980 年。

[12] ［德］奥本海：《奥本海国际法——战争与中立》，商务印书馆，1934 年。

[13] 王芸生：《六十年来中国与日本》，三联书店，1981 年。

[14] 王铁崖等编：《战争法文献集》，解放军出版社，1986 年。

[15] 米庆余：《近代日本外交史》，南开大学出版社，1988 年。

[16] 吴敬恒、蔡元培、王云五主编：《日俄战争史》，商务印书馆，1928 年。

[17] 穆景元：《日俄战争史》，辽宁大学出版社，1993 年。

[19] 黄定天：《东北亚国际关系史》，黑龙江教育出版社，1999 年。

[20] 丁名楠等：《帝国主义侵华史》，人民出版社，1986 年。

[21] 佟冬：《沙俄与东北》，吉林文史出版社，1985 年。

[22] 李鸿文、张本政主编：《东北大事记（1840—1949）》，吉林文史出版社，1987 年。

[23] 郭廷以编著：《近代中国史事日志》，中华书局，1987 年。

[24] 步平等编著：《东北国际约章汇释（1689—1919 年）》，黑龙江人民出版社，1987 年。

[25] 李济棠编著：《中东铁路——沙俄侵华的工具》，黑龙江人民出版社，1979 年。

[26] 通化市政协文史学习委员会编：《东边道经济开发史略》，通化师范学院印刷厂，1998 年。

[27] 蒋颂贤主编，贾万德、范广杰副主编：《近代吉林人民革命斗争史》，吉林文史出版社，1992 年。

[28] 陈本善等编著：《日本侵略中国东北史》，吉林大学出版社，1989 年。

[29] 周秋光、曾桂林著：《中国慈善简史》，人民出版社，2005 年。

[30] 商务印书馆编译所编：《日俄战纪》，商务印书馆，1917 年。

[31] 吕思勉：《日俄战争》，商务印书馆，1929 年版。

[32] 中国社会科学院近代史研究所：《日本侵华七十年史》，中国社会科学出版社，1992 年。

[33] 王魁喜等：《近代东北史》，黑龙江人民出版社，1984 年。

[34] 哈尔滨满铁事务所编、汤尔和译：《北满概观》，商务印书馆，1937 年。

四、论文

[1] 丛佩远：《评日俄战争前沙俄的远东政策（上）》，《世界历史》，1981 年，第 5 期。

[2] 刘焕明：《日俄之战与“大陆政策”——日俄战争历史地位的再认识》，《江海学刊》，2008 年，第 4 期。

[3] 冯江峰:《清末民初人权思想的肇始与嬗变》，中国政法大学博士论文，2006 年。

[4] 刘永祥:《试论日俄战争中日本对华谋略》,《社会科学辑刊》, 1996 年，第 4 期。

[5] 喻大华:《日俄战后清政府对奉天战争损失的调查论述》，故宫博物院、国家清史编纂委员会编:《故宫博物院八十华诞暨国际清史学术研讨会论文集》，紫禁城出版社，2006 年。

[6] 邱广军:《日俄战争期间传教士的难民救济活动》,《吉林师范大学学报》, 2012 年，第 1 期。

[7] 池子华:《上海万国红十字会救济日俄战灾述论》，《清史研究》，2005 年，第 2 期。

[8] 安成日:《日俄战争与东亚国际体系的重构》,《哈尔滨工业大学学报》, 2011 年，第 2 期。

[9] 朱海燕:《日俄战争后日俄美的东北亚政策》,《日本学论坛》, 2005 年，第 1 期。

[10] 刘国磊:《二十世纪初沙俄在海参崴迫害华侨的暴行》，《社会科学战线》，1980 年，第 3 期。

[11] 宋莉莉、王舒:《日俄战争后清政府挽救东北危局的“联美”外交策略述评》，《湖北社会科学》，2012 年，第 11 期。

[12] 杨智芳、周秋光:《论中国红十字会的起源》，《湖南师范大学社会科学学报》，2006 年，第 4 期。

[13] 贾海涛:《综合国力系统论刍议》，《暨南学报（哲学社会科学版）》，2002 年，第 4 期。

附录：日俄战争前后清政府维护东北国民权益重要史料集

一、清政府针对日俄军匪扰民的维权史料

1. 光绪三十年五月十九日收盛京将军增等函一件

附录再启 日俄招匪俄以为助日日以为党俄因应之策恳请指示由

再密启者：昨与俄员商索扣留枪械，谈次据云，日在辽西招匪，将军、府尹知之与否？达以俄既招匪，日则效尤。彼复云，俄招匪而责将军、府尹一则有碍局外，再则曰有碍中立，今日人招匪，何不以中立见阻？且复州煤窑被抢，东路团练击俄，如此中立，他日再与将军算一总账。又由京来人述唔日员所云，俄在奉省招匪，未闻拦阻，乃日员所招冯麟阁等，何以将军屡次派队阻击？又云，日员在锦州一带招队被拿，东省官吏率皆袒俄，俟到奉定要查办各等语。查冯麟阁庚子冬曾被俄抓赴萨合林，逃回后经祺饬营收抚，尚属安分。惟与海城乡团有隙，而该县辄偏听一面，时相攻击。统领朱庆澜于冯招队时亦恐假冒生事，有剿办之请，并未经批准。绥中县程恩荣于日员内藤招匪系径电北洋办理，不免孟浪，然亦事后始据禀闻。查日俄开战，我守中立，本系迫于形势，且于各国声明。而祺等遵守弗敢或渝，恐有所借口。然俄犹以为助日，日犹以为党俄，风声所至，不免动人听闻。顷各访事人竟有以关外招匪是否助日

来相探问者，因应之策将奈之何？唯有恳请指示，以维大局，是为切祷。附肃，再叩崇安。祺、杰谨又肃。

附录批复 批义州瑞牧禀宜于境内加意防范如有匪徒滋扰即行查拿由

批：禀悉。日俄之战我守局外中立，业将叠次钦奉谕旨及外务部局外中立条规通行饬遵在案。第奉省现当战地，似两战国均不甚以局外视之，以故各在俄境招匪，而战事又非我所应干涉，实属听阻两难。然在我总须恪以中立自守，免贻各国口实。至函内所称情形，查日人内藤顺太郎昨在绥中县招匪，即系如此托词，经程令恩荣电请北洋大臣查复，并无其事，则此说恐亦系假托，刻已行查矣。该署牧务于境内加意防范，如有匪徒滋扰为害地方情事，即行查拿惩办，以靖地面而免疏虞，是为至要。仍候抚尹堂批示。缴。抄函存。

2. 光绪三十年五月二十五日发日本国公使内田康哉照会一件——照会日本内田使日人勿在辽西招匪致碍中立由

光绪三十年五月二十五日发日本国公使内田康哉照会称：昨准盛京将军电称，日招冯麟阁等马队二百余名、日人二员，初十过康平属哈拉沁屯；金寿山率马队二百余、日人五员，十一过康平西莫力克、王家窝堡，均向东北辽源州蒙境去。近俄又以华官任听日本在辽西招降冯、杜各匪，欲坏中立为言。匪队随同日人往来，沿边各属既不能有所拦阻，设生他变，大局攸关，迭据各口总巡暨各县禀报，已饬坚守中立，妥为办理等因前来。本部查贵国与俄国用兵以来，中国确守中立，迭经声明在案。近日传闻日本武员有在辽西一带招匪情事，俄人屡以华官并不拦阻，欲坏中立为言，虽经迭与驳办，仍多疑虑。

现在贵国大兵云集，纪律严明，此等匪徒本不足用，且恐假冒滋事，扰累地方，自可毋庸招集，以免俄人借口。贵大臣洞察情形，顾全大局，相应照请转行贵国武官，不必招匪，并勿令在局外边界往来游弋，免生事端，是为盼切。

3. 光绪三十一年正月十一日收北洋大臣文一件——据新民府禀称日俄在辽河开仗由　附清折一件

光绪三十一年正月十一日收北洋大臣文称：据奉天新民府知府增韫禀称：辽阳北苏合铺四十号及四十一号之俄队于十二月初五日与日本招抚队冯麟阁、杜立山、赵五把式等三百余人在辽界蛤拉河、马酚泡一带开仗。初八晚，突来日本马步队六七百名，在海界三岔河西、犀牛古城子、青莲泡一带分扎，初九日早四点钟与俄兵接仗。至八点钟，俄军大败，齐向西北奔逃，一路杀烧抢掠，蹂躏生灵，民不堪命等情，禀报到府。据此，除批饬该分局所属村屯严加防护暨分禀外，理合将日俄在辽海地方开仗情形缮具清折，恭呈宪鉴等情到本大臣。据此，相应咨呈贵部，谨请查照。

附录抄折 日俄在辽海地面接仗情形由

照录抄清折

谨将日俄在辽海地面接仗情形缮具清折，恭呈宪鉴。

计开：

据府属南路沙岭巡警分局会首等报称：十二月初五日，分局东四十余里辽界之蛤拉河、马汾泡等屯自昼至夜炮声不绝，当即遣人往探。回称，系辽北苏合铺四十号及四十一号之俄队与日本降匪杜立山、赵五把式等三百余人开仗，被俄兵击毙殆尽，仅冯麟阁带马队二十余人由富家庄逃往西去。该初民人刘凤翔、刘凤玉等房屋二十间均被烧毁。是夜，俄队南至海界，在城西北七十里之前湖、后湖及黄土坎一带分扎。初六日，行抵牛庄北八里之小姐庙屯，遇有江东油车四十余辆，一概焚毁，车夫等仅牵骡马逃在局镇，随即殒命一名。该俄队意在攻取营口，以牛庄为日兵后路，略搏一战，遂向营口进发。又遇粮草货物重车二百余辆，亦尽焚毁。初七日，分攻石桥子及营口东之牛家屯，均未获胜。初八日，突有日本马步队六七百名至分局南二十里之六台子一带占据，两军相距四五里许。初九日早四点钟开仗，至八点钟，俄兵忽东西横冲二十余里，齐向西北奔逃。撞遇绥靖营朱统领之差官佟文阁，疑为敌探，用刀砍毙。直抵分局，四面围入，见马背有鞍者，疑系敌探跑回，即将营马掠去四匹。附近村屯任意搜掳，敢有阻者鞭笞刀吓。统计分局牌下共掠去骡马一百二十匹，其余牛、驴、猪、羊、粮草、财物不计其数。分局北十里八台子屯因在农民赵广魁、赵广吉、赵广仁等家翻出枪械，勒索不足，均被刀砍其首。查该俄队实有两万余骑，炮车数十辆，以及车载受伤与已毙者约数百辆，一路扰民，毫无忌惮。并有身穿华衣队兵多名混在其中，声称此地向不容人入境，何以今不敢拦等语。初十日，由富家庄北俄队又来局镇二百余骑，查探有无日兵，随即回归。十二、十三等日，自南来日探前后十六骑，均由局镇北去，不知何往。日兵来往颇为安静，并无骚扰。现探牛庄日本添兵万余，在八家子、马圈子一带分扎，未见如何动静，俟探的确再行禀报。须至清折者。

二、清政府救济东北难民的努力史料

1. 光绪三十年八月初十日　奉天筹济总局为奉扎设局并救济难民事宜的晓谕

为晓谕事：照得本局奉督抚宪札饬，在省城大西关育婴堂前院设立筹济局一所，专办救济难民一切事宜，业于七月二十七日开局办事。所有各城客民工役被难流离无力还乡者，准其来局投报，由本局员司点验明确、填发凭照，转知营务处派员妥送，酌给川资前往新民府上海红十字会分会换给火车免票，照料入关。此系发政施仁，该难民等毋得任意逗留滋事，致干查究。其有附近各乡屯贫苦之户或被客军蹂躏来城避难，如有亲友可投者，务各投其亲友；如无有依靠无所栖止者，准其赴局报道，由员司查明被难情形设法安置，并粥厂每日照人丁之大小分报发二次，以免饥饿；其有来城觅店居住者，该各店务须照常接待，勿得拦阻并干严究。除将现在办理大概情形呈明列宪查核外，合亟出示晓谕。为此，示仰各难民及外来无依土工矿夫人等一体遵照。毋违。切切。特示。

2. 光绪三十年九月初八日　奉天筹济总局为传知救济并医治伤病难民事的晓谕

为出示晓谕事：照得现在两国交锋，伊尔省垣遭难，乡民流离失所，情殊可悯。前章列宪谕，创设筹济局，踩有房间设立粥厂，业经收抚难民数千余名，尔难民为无可依靠者，尽可随时来局报明，以便核实赈济；如有受伤患病等情，亦准随时来局投报，由本局送往医院施治，以期尽妥尽善，诚恐外来难民未及周知，合亟出示晓谕。为此，示仰各难民人等一体遵照。毋违。特示。

筹济局示：两国交战，近我省城，居民惶恐，四散纷奔。如无依靠，来局报明，踩有房屋，尽可安身；设立粥厂，度日全身；或有伤病，医治均能。凡此善举，期慰民情。

3. 光绪三十年九月十一日　增祺等密陈联络上海红十字会及北洋大臣办理灾民事宜片

再密陈者。前以日俄开衅，经上海官绅联合英、法、德、美创筹万国红十字会，设立医院，并办理救护等事，本年二月由该总会电知，当由增、廷先行筹汇银一万两，一面分饬各属广为劝募，以资众擘之助。该总会先后派员分赴天津、山海关、沟帮子、新民府、沈阳等处办理会事，并由董商妥营口、辽阳、沈阳、开原等处耶苏教会教士医士代理一切。嗣以医院救护等事非深入战地切实办理，不能惠及灾民，节经上海总会及等电商暨派员面商两战国，日则婉辞，俄则直阻，是辽东各医院均未能办理得手，来省会员亦返新民，而北洋大臣袁世凯前交东边道张锡銮接济金州难民之银亦难以运往赈抚。当次灾黎遍野之时，两战国既不允该会深入战地。斯不能不权宜办理，拯之于水火之中。现在辽阳州业已商允英医士以设立英国医院为名，实办红十字会事，医治伤病，招集流亡，款由红十字会及本省赈款分别支给。颇见有济，拟即密饬各属仿照办理，并在省城设立筹济局，如有各属送到难民，酌给川资接送新民府交红十字会员接送入关。现在哈尔滨有土工数千，由该处用专车分批运沈，即照此办法，并闻袁世凯在山海关一带亦经派员办理救济之事。战事无定，灾民日多，等唯有竭尽心力设法维持，以广皇仁而安民心。随时联系北洋大臣及上海红十字会认真筹办外，谨附片密陈，伏乞圣鉴，谨奏。

4. 光绪三十年九月十八日　奉天筹济总局抄呈各难民住所张贴之晓谕——奉天筹济局谨将职局三次张贴各处难民住所四言晓谕缮折恭呈宪鉴

计开：两国交战，近我省城，居民惶恐，四散分奔。如无依靠，来局报明，踩有房屋，尽可安身。设立粥厂，度日余生，或有伤病，医治均能。凡此善举，期慰民情。

监粥员司，各宜勤慎，粥要调匀，水源洁净。毋待掺杂，招人议论，倘有疏虞，惟尔是问。论尔难民，各自约束，禁止喧哗，勤扫龌龊。出恭远行，小心火烛，大家自爱。切切此嘱。

5. 光绪三十年十一月初六日增韫等为呈报筹济难民情形及其章程事宜给增祺、廷杰禀

将军麾下、大人阁下：敬禀者。窃查新民地方筹济难民，前因局势初创，事务纷繁，前经卑职喧阳进省面禀，彼时难民已来八十名，现已增至三百余名，其投奔亲友力能自食者尚不在内。前次租备房屋所剩无几，况在省时面奉宪谕，近因省城难民日多，实有人满之患，亟欲移民就食，饬即预为筹备宽觅房间。卑府等身为民牧，具有天良，自应极力筹办。惟放米放粥应随时地之宜，一切章程深恐未能划一。时切战兢，目下仍系按口放米，每日每大口给新斗米三合，小口减半。倘将来人数加多，再照总局放粥。开局以来，一切经费概未开支，所有文牍账目均系卑府等自行经理。现在局务较繁，请添用收支兼文案一员，月给薪水十六金。查有铁路委员候选县丞熊械章因

事来新，堪以委任收支文案事宜。现在卑府等邀同在局经理，应请宪台加以札委，庶几益昭慎重。其余未尽事宜，由卑府等随时斟酌禀请核示。总之，办赈原无善策，要当实惠及民，不使有虚糜中饱，以仰副宪台曲全灾黎之至意，理合将筹济难民开支各项及添派员司各缘由，酌拟简明章程，禀请宪台查核俯赐批示立案。除分禀外，肃此具禀。敬请钧安。伏乞垂鉴。卑职衍庶、暄阳、增榅谨禀。

计禀呈筹济局章程清折一扣

新民筹济分局呈，谨将筹济难民按照省局章程，酌拟简明办法缮具清折，恭呈宪鉴。

①．房屋拟酌给租钱。前次所觅房屋二十五间业已住满，现在多方匀拨，计尚存空屋二三十间，拟分上、中、下给租，事竣汇报，仍一面谕各铺户设法腾挪，务期难民有所栖止，免致露宿。

②．分派员役，自应遵照省局章程第二条办理。惟分局局面较小，不得不格外从省拟请暂派文案兼收支一员、差弁二员、司事二员、书识二员、局丁二名，嗣后如不敷用，再行呈请。

③．安置难民必须周妥，凡系客籍者，自应仍归红十字会由火车运送回籍。其系土著，应归本局收养者，亦须稍有区别。查系老幼伤疾当从优抚恤，其属年富力强稍任勤劳者，应劝令自行力役，藉免坐食。

④．计口授食。在初设时人数无多，原可发米大口日给新斗米三合、秫杆三四把，小口减半。嗣后愈聚愈多，亦应改设粥厂，每日散放二次，但只准本人在厂就食，不准领回，致滋冒滥。

⑤．核实登薄。遇有难民，随即查明籍贯，姓名、男女、

大小口数，详细登记，以便安插。

⑥.酌给薪水。查省局初章，惟差弁、司书给薪金，总办、委员皆不发给。日前面奉宪谕，凡委员寒苦者亦准给薪水。兹派文案兼收支一员，遵拟月给薪水银实力你两，仰副宪台体恤之至意。又，差弁两名，每名月给薪金八两，司事二名，书识二名，每名月给工食银六两，局丁二名，每名月给工食银四两。

⑦.局中度支尤宜格外樽节，除照章酌给员弁以次薪工外，其卑职等车价川赁，暨局用心红纸张，现在均不开支。至补修难民房舍，置买炕席器具，有万不可省者随时酌用，实用实销，按月具报一次，免其造册，以省繁琐。

⑧.局中公文，此后事务纷繁，必须斟酌画一。应召统由总局核转，抑或仍旧径达。遇有变通一切事宜，随时知会总局查照，听候核示。

三、清政府针对日俄议和的维权史料

1. 光绪三十一年六月初四日发日内田、俄璞使照会一件——声明日俄议和条款牵涉中国事件未经允准不能承认由

光绪三十一年六月初四日发日本国公使内田康哉、俄国公使璞照会称：前年贵国与俄、日本国不幸失和，中国政府深为惋惜。现闻将开和议，复修旧好，中国政府不胜忻幸。但此次失和系在中国疆土用武，现在议和条款内倘有牵涉中国事件，凡此次未经与中国商定者，一概不能承认，业经本部电知出使杨、胡大臣照达贵国政府，预为声明。除照会俄、日本国驻京大臣暨各国驻京大臣转达各本国政府外，相应照会贵大臣查照

可也。

2. 光绪三十一年五月二十一日奉电旨一件——（密件）日俄议和如何因应及接收东三省办法各密行电奏由

光绪三十一年五月二十一日奉电旨一道称：奉旨：日俄两国已有和意，闻有在华盛顿两国直接开议之说。中国现在应如何因应及将来接收东三省应如何善后办法，着各省督抚悉心筹划，各抒所见，密行电奏，以备采择。钦此。

3. 光绪三十一年六月初十日收驻日本杨大臣致丞参函一件——前电系日俄议和因应大纲兹将原电奏录呈由

光绪三十一年六月初十日收驻日本国大臣杨枢函称：昨上第九十号函，计已登览。枢于二十五日承准军机处电传谕旨：日俄两国已有和意，闻有在华盛顿直接议和之说，中国现在应如何因应及将来接收东三省应如何善后办法，着该大臣等悉心筹划，各抒所见，密行电奏，以备采择，钦此。闻命之下，感悚莫名。枢今晨先将现在因应之法撮举大纲，电请钧署代奏，谅邀鉴及。枢恐电码偶有错误，兹特抄录一纸寄请台览。至详细办法及善后事宜，因篇幅大长，拟具折密奏。刻因日本各学校毕业之期，枢须亲赴各校观礼，故近日异常忙碌，容缓三五日再行缮折寄呈，仍请钧处代递。再，俄国前已派定驻法大臣为议和正使，当经电达左右。日本拟俟俄国副使已定，始行简派。昨晤小村，面陈此间专使一俟派出，定当知照等语。据闻日廷拟派小村寿太郎为正使，驻美日高平小太郎副之，惟未见明文。俟有确音，自当电告，统祈转回堂宪，是所敬祷（附呈抄件）。

附录电奏底稿 请于两国未议之先声明有关于我国及东三

省事宜者须经我国允许方可施行由

附抄：承准军机处敬电奉旨钦遵，仰见圣虑周详，集思广益至意，钦服莫名。窃查此次日俄议和，不容第三国置喙。然我国与他国不同，凡有关于东三省者，自不能缄默。似宜于两国未议之先或开议之际由外部照会日本政府，意谓查宣战之始贵国曾布告欧美诸邦，系为保全东方和平、尊重我国主权起见。兹当议和之际，我国自未便参议其间。然条款中有关乎我国及东三省事宜者，纵贵国与俄已有定议，须经我国允许方可施行，特此预为声明云。总之，此案应与日本直接，不宜托他国关说，致日本有所猜疑，有所借口。谨将现在因应之法撮举大纲电奏，至详细办法及善后事宜，容奴才具折密陈，是否有当。乞代奏。枢。二十九日。

四、清政府针对日俄战后索赔的维权史料

1. 光绪三十一年七月二十三日收驻奥杨大臣信一件——（密件）日俄和款凡关于中国主权土地不宜稍一迁就或厚彼薄此至东三省焚毁村庄战后索偿亦名正言顺由

光绪三十一年七月二十三日收驻奥大臣信称：前上三十五号函，谅邀钧鉴。窃于五月二十四日承准军机处电传谕旨垂问日俄议和因应善后办法，当即以日俄和议其条款有关我主权、土地者应令两国政府先行知照，经我查实无碍方能开议；如有未经知照未得我国允许者，我即布告各国不认施行，请为调处，以保东方实在和局。此节应先布告各国，特为声明。东三省收还后，似宜照各直省一律治理。其应开作商埠之处，由我自行酌定章程，各国一律待遇，坚拒他国格外要求，以免将来别国

后论而保我之主权。至东三省虽有划作战地，但居民财产仍为局外，若战国有特意焚毁村庄等事，应于战后照数索偿。此节亦应切实布告各国，请为公断。凡我主权所系，国誉所关，若稍迁就，后患不堪设想。况各国切盼和局，均愿持平调处，彼见我理直气壮保守主权，即是保全全局和平，当更乐为默助等情密电大部，乞为代奏在案。晟衔恩海外已逾一年，以在洋探访所得情形揆之目前中外时势，觉此次中国因应日俄政策尚有数端，不揣烦渎，敬为大部缕析陈之。查此次日俄之战不打中国所受影响颇多，即欧洲列强对于远东政策亦因之大变。窥其注意所在，全视我之于两战国作何因应之计，以定其措施之方。如我此次坚持利权，措施无有偏倚，则各国谅必深愿默助中国，实保远东和平之局。万一中国过事迁就，或致偏重于一国，窃虑各国亦将各顾其东方利权而为意外之要求，而我之因应当棘手。晟默查各国情形，有见夫国力之未足以御列强者，大抵皆藉各国之公理、公力出而公断，以为抵制自保之计。故国虽小弱，介乎两大而权利不稍侵损者，所赖于各国公断之力居多也。今中国武备修明，虽非其比，但现在时局似尚非用武之时。设此次日俄言和，苟有侵我主权、土地之款，晟愚见唯有宣布各国请为公断。是我不发一兵，但以各国之公力而抵制两国之要求，彼将惕于公理而莫敢或逞矣。至于美国，前尝助我中立，今复为两战国调停和议，且美于各国之中实有真心主持东方和平之局，况日俄既在美京直接议和，则我之于美尤宜密示亲睦而为我之辅助。至若德国，实为当今全球最强之国，现正经营商务。彼虑日本之渐强而阻其商利也，隐在忌心。我若亦密与亲睦，默藉其力以抵制日本，则德亦未始不为我用。但运用之际，不宜显露痕迹，尤不宜稍许利益，致将来另生枝节。若由大部密授机宜于驻美德使臣妥为因应，则大局裨益良多。此所谓秘密外交不战而屈人之兵也。惟事机重大，相机而行，神而明之，存乎其人。至旅顺口一处，原系俄人租借中国之地，今日本以兵力取之俄人之手，然地主之权仍属中国。今两国言和，未能容其相为授受，失我主权。所难者，此时我既未便诘问俄人，责其将地交还地主，而未便听两国之为所欲为。计唯有默俟俄廷将悖他故不能如约租借，应请将原约作废等语，则我即可径行布告各国，略谓旅顺本为中国租与俄人之地，今俄以他故既不能如约如何办理之处，应请各国公断，以维东方实在和平之局。再由我授意各国办到将该处所有炮台战守等具全行除去，开作一大商埠，则此口虽为日本所据，而规模已变，可弭以后之争端，而我地主之权亦以长保。大约各国亦愿此事之如此办理，俾势均力敌而无偏胜也。至东三省开作商埠之后，其要义总在各国一律待遇，坚拒此国要求格外利益，以免彼国效尤，致生别端。其东清铁路亦宜改为万国公产，以维持和平大局，免致一国独操路权，后启争端。总之，此次日俄和款凡有关于中国主权、土地者，稍一迁就，后患正多，尤不宜厚此薄彼，致各国觊觎而生枝节。凡此情形，早在洞鉴之中矣。至东三省焚毁村庄战后索偿一节，名正言顺。惟此中事理颇属精微，以当世公法家之意准之，俄人悖理驻兵于局外之国之境，敌人击其驻兵之所而不必问其境之属于何国。故虽有伤毁，敌人尽可不任其咎。今日之事咎在俄人，我即以严此诘之，彼断不能强词卸责。但我于此不宜多费唇舌，而又不便隐忍不言，致妨国誉。则唯有觑机气壮，而不敢于我疆土之内为所欲为也。是否有当，伏乞钧裁。

2. 光绪三十一年九月二十三日收驻美国大臣梁诚函一件——（密件）论日俄和议将成我宜先发制人向俄索偿四款由

光绪三十一年九月二十三日收驻美国大臣梁诚函称：本月十八日肃布美字第七十七号函，计邀堂鉴。日俄和议雇人密探，业经遵办，并将连日谈判情形暨议定各款详细飞电，陈明在案。窃维东三省地方俄人既允退兵，日人亦允交还，惟旅大由日接租，铁路亦归日接管，海力、路权未能尽复。然将来与日订商，当可别筹抵制，未尝不较日俄开衅以前稍易措手。惟是俄人数十年之经画，糜数万万之赀财，大欲未偿，遽遭败衄。财力固已交绌，国体亦即凌夷，内受民党之胁迫，外虑列国之揶揄，势必藉故要求，希图补救。予之则欲壑难填，拒之则争端易见。以诚愚见，与其坐待横逆之来，因应或嫌不及，不如先作制人之举，祸患或可稍纾。查历年中俄交涉不止一端，而曲直是非最为显著者厥有三端。一、旅顺、大连湾租约原约第三款，租地期限自画定此约起二十五年为限，今俄人并未商允我国，遽将旅大转租日本，将来二十五年限满，我国欲将租地收回，俄国势不能再向日本带我追索。二、东三省铁路公司原合同第十二条，自该国公司路成开车之日起，以八十年为限，限满之日所有铁路及铁路一切产业全归中国政府，毋庸给价。又，从开行之日起三十六年，中国政府有权可给价收回。路成开车之日，由公司缴呈中国政府库平银五百万两。又，续订支路合同章程，按照光绪二十二年中国政府与华俄银行所定合同第十二条价买及归还期限章程办理。铁路既系中俄合股，营业公司由我颁给关防，又有价买归还之约，而俄人未经商准我国，擅将支路让给日本，所有股本如何归结，价买归还如何办理，均应俄人负其责任。三、战累公私产业之损害。东三省以我根本之地枉罹兵燹之苦，凡居室、田园、农业、商业、蹂躏失坏，所值不赀。而钱粮租税无从征收，国课正供应亦多亏短。此次原因俄人愆期撤兵致有战事，则一切损害应惟俄人是问。以上三事，在我有可以索偿之理，在俄无可以狡脱之方。我不先发制人，人将起而图我。若必待彼开端然后藉为应付，事机先后，势力迥殊，自应先行切实备文追索。拟请将旅大租约限满不能交还应索赔偿一件，东省铁路造成应缴银五百万两催令补交并计利息作为一件，东省公私产业进项被损应索赔偿作为一件，统计四件，各备照会缮写妥当，于日俄和款画押完竣之日即行送交驻京俄使。届时和款已定，事理昭著，自不容俄人置辩，亦不虞大局牵连。诚正筹划，拟电钧部酌办。适伯唐参议抵馆，与之商榷，以为先事制人实为要着。近两日日本于偿款、割地二事已经退让，和款画押旦夕可定，深恐事机坐失，致多纠葛。故于本日先行电请邸堂列宪俯念大局，允准照行。仍专函陈明一切，即希代回是荷。肃此密布。

3. 光绪三十一年九月二十三日发日本内田、俄阔署使照会一件——两国占据中国公私权利产业应一律退出由

光绪三十一年九月二十三日发日本国内田使、俄国阔署使照会称：自日俄两国用兵以来，东三省地方迭遭事变，所有军事中两战国强制征发等事在所难免。现在贵国与俄国、日本国和约既定，中国中立之义务已完，东三省已非战地，所有两国从前强制征发等命令应即一律撤去。如有占据中国公私权利产业，亦应同时退出，分别交还，以昭大信而符公例。除照会俄国、日本国大臣外，相应照会贵大臣、署大臣转达贵国政府查照饬行，并希见复为荷。

俄军在奉损毁人命财产合银清单

光绪三十二年仅将俄军在奉损毁人命财产约合银数缮单列后

计开

一. 据承德、兴仁、怀仁、复州、通化、盖平、兴京、辑安、岫岩、临江、安东、海城、新民、开原、凤凰城、辽阳、广宁、彰武、宽甸、抚顺、辽源等二十一府厅州县被俄军损失民间财产，共约合银二千七百八十四万一千一百五十五两六钱四分六厘，除已赔银二十二万一千六百六十六两四钱八分七厘，尚亏银二千七百六十一万九千四百八十九两一钱五分九厘。外有人命一千一百四十六名，内一名给恤银十四两四钱。又据兴京、承德、兴仁、辑安等四厅县续报被俄军毁失民间财产，共约合银二十一万五千一百零八两五钱六分四厘，除已赔银二百八十两尚亏银二十一万四千八百二十八两五钱六分四厘外，有人命二十二名，共给恤银二十四两。又据通化县报俄军损害公产约合银一百三十八两七钱八分。以上首报续报及公家共被俄损财产统约合银二千八百零五万六千四百零二两九钱九分，内除赔银二十二万两一千九百四十六两四钱八分七厘，统尚亏银二千七百八十三万四千四百五十六两五钱零三厘。又据兴京厅续报被俄军伤损人命财产共给恤银洋愿一千一百零三元六角，银二十四两。又据承德县续报日兴隆等栈被俄损沉船数十只，豆饼七八万块，元豆一万七八千石，均未估价。又据军署礼书禀，省城南麓圈木栅被俄军拔去六十四根，惊毙鹿五只，均未估价。

二．准盛京礼部咨，实胜寺被俄军烧毁庙房二间及松榆各树亦被俄军砍毁，又西塔钟鼓二楼被俄军焚毁，南塔庙房五间被俄军焚，及塔座钟鼓楼照壁、围墙均被俄军拆毁，松柳树二百余棵。

三．据新民府报黑鱼沟屯民李恒发被俄兵砍死，并焚毁房五间，连财物在内。

四．据西安县报乌鲁半载河屯民王会被俄兵击毙。

五．据西安县报跑马梁子屯有避难民刘姓一名及闺女一口，均被俄兵击贼误毙。

六．据福陵四品官报官窑缸盆七个、大缸四口、二锅二口、大缸六口、铡刀一口、大槽子一面、稿柜二个、板箱子四个、坐箱六个、大棹子四张、八仙二张、椅子二对、大榆树二棵、方砖二千八百块、条砖二万四千块、小条砖一万零三百块、披水砖二百六十块、沙滚砖三百块、大板大通各瓦共四百五十块、狗头三百件、滴水一百二十件、秫秸二万五千捆，及工所大缸七口、大锅六口、白碗一百六十个、铡刀一口、大阎二把、冰穿十把、大抱斧一把、大接锯三把、稿柜二个、大棹子五张、八仙二张、椅子二对、板箱十六个、案架子二个、大槽子一个、窗户十合、板门三付、大照壁一座、缸盆八个、苇席十四领、方砖二千块、条砖三千块、大通椽五百根、椿木四百根。以上各物件均被俄军毁坏。

七．据大围场统巡报山城子巡队赵文福及商民范洛明、艾绍荣、尹起胜、潘洛清等五名被俄军杀害，并掳去饷银圆三百五十元，枪十三杆、号衣七件、马十三匹。

八．据兴仁县报边牛录堡子屯丰元恒烧锅瓦房九十六间被俄兵烧，并掳去财产货物油酒各飞。